大展好書 好書大展

休閒娛樂

42

撲克牌
占卜入門

王家成/編著

大展

出版社有限公司

序言

自從人類開始運用智慧生活以來，「占卜與人生」便有着密不可分的關係。

卽使在科學昌明的今日，仍然是無法否定的。

占卜是對於未來做預測的一項資料，豈有人不想了解呢？

然而，有一點必須留意的是，當然任何種類的占卜也是如此，那就是：切莫對占卜所給予的暗示囫圇吞棗，更不可對別人濫用，因為占卜告訴人們的只是，對你或你的家人、友人、情人的一項忠告、一個指針而已。

如果占卜的結果出現「凶」，而就此灰心沮喪的話，那就大錯特錯了。

我們不可因此悲觀消極。

我們必須採取積極的態度，研究如何才能朝最佳的方向發展？如何才能獲得最好的解決？應該注意哪些事項？

占卜的方法繁多，本書介紹撲克牌占卜，因為撲克牌取得容易，而且隨時隨地均可占卜。

有一點須聲明在先的是，本書並非培養職業占卜師的教材。撲克牌占卜如此，任何占卜均如此，占卜不應該是少數特殊的人們所擁有的。

卽使使用硬幣，以正面為「肯定」，背面為「否定」，依然不失為占卜的一種。

以上是筆者寫作本書的出發點。

最後預祝各位能活用撲克牌占卜，過快樂美滿的人生。

目錄

序言……三

第一章　占卜之前

撲克牌與人生……一〇

洗牌的方法……一三

撲克牌的正位與反位……一五

撲克牌占卜的要領——其一……二三

第二章　撲克牌的意義

牌性1——黑桃……二六
牌性2——紅桃……二八
牌性3——紅磚……三〇
牌性4——黑梅……三二
五十二張牌的意義……三四

第三章 占卜的方法

占法——其一（正式的占法）……六二
撲克牌占卜的要領——其二……九六
計劃……九九
經濟（金錢）……一〇〇
旅行……一〇一
家庭……一〇二
投機（賭博）……一〇四

健康……一〇六
愛情（婚姻）……一〇七
交際（友人）……一〇九
學問（教育）……一一一
事業（工作）……一一二
希望（願望）……一一四
災難（麻煩）……一一五
命運……一一七
愛情占卜㈠……一三〇
愛情占卜㈡……一四〇
情人占卜……一五四
占法——其二（單人遊戲式的占法）……一五六
金字塔……一五六
時鐘……一六二
重疊……一六四

克倫代克……一六八
八張牌……一七三
塡補……一七五
蒙地卡羅……一七八
天蠍……一八四
五堆……一八七
皇家婚姻……一八九
數數看……一九二
找大牌……一九四
河內之塔……一九八
祖父的時鐘……二〇三

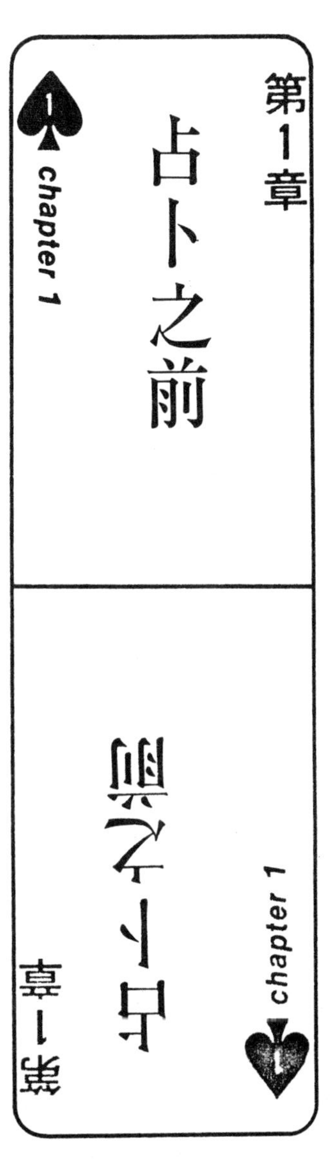
第1章
占卜之前
chapter 1

撲克牌與人生

不分人種、國籍，各地的流浪漢聚集而成的傭兵部隊，是喪失人生的目的、希望，喪失一切的傭兵部隊。

比爾在巴黎爲了一位名叫芙蘭絲的女人而負債累累，就在他一籌莫展時，芙蘭絲也離開他。最後，比爾流浪到摩洛哥，投入傭兵部隊。

比爾應該早已放棄過去的一切，但他却無法忘記在酒吧認識的伊兒瑪。伊兒瑪跟巴黎的女人芙蘭絲長得幾乎一模一樣，他瘋狂地愛著伊兒瑪，伊兒瑪像白痴一般地順從比爾，比爾甚至爲了伊兒瑪而殺了人。

酒吧的女主人卜蘭整天總是面無表情地獨自用撲克牌占卜。

每當傭兵部隊外出討伐土匪，她便卜算死亡的人數。

一則消息傳來，比爾可以繼承伯父的遺傳，於是他脫離傭兵部隊，準備帶伊兒瑪返回巴黎。

就在此時，很偶然地遇見了芙蘭絲，但芙蘭絲冷若冰霜。比爾想起自己竟爲了如此的女人而糟蹋了一生，不禁對自己感到厭惡。他不再回巴黎，也不要遺產，他把所有的錢都給了伊兒瑪，並將她遣往巴黎。再度加入傭兵部隊的比爾，卽將出發討伐土匪。

出發的早上，卜蘭爲比爾占卜。一陣安靜而苦悶的沈默之後，呈現在桌子上的牌……………。比爾面無表情，與部隊一起消失在沙漠的彼方。

以上是一部法國電影的情節，但最後一幕如今仍深深映在腦海。沒有交談，沒有說明，只有一張樸克牌靜靜地擺在桌子上。這一幕可說由神秘的撲克牌營造起來的。

其實，撲克牌原先便是爲了占卜人生未來的命運而誕生的，後來才逐漸被用做遊戲或魔術的道具。

然而，它的起源如今已無從考據了。有埃及說、印度說、中國說等各種說法。總之，誕生於東方，然後傳到歐洲，這一點似乎是一致的。

今日我們平常使用的撲克牌有紅磚、黑桃、紅桃、黑梅四種，每一種十三張，共五十二張，再加上小丑牌，總共五十三張成爲一副。

至於原始的撲克牌，大牌二十二張，小牌五十六張，總共七十八張。五十六張小牌分成四種，＜寶劍、枴杖（棍棒）、聖杯、硬幣＞。每一種分別從一到十，另外還有國王（King）、皇后（Queen）、戰士（Knight）、侍從（Page）。後來，戰士與侍從合起來，成爲騎士（Jack），加上大牌的儍子（小丑牌），這就是目前我們所使用的撲克牌了。

撲克牌有正位與反位之分，各有不同的意義。

本書介紹的是正統的占卜方法，以及如何使用每一張撲克牌所代表的意義進行占卜。

再者，情侶在咖啡廳也使用撲克牌算命，此種情形經常有以下的困擾：「既然算命，總不能在別人面前攤開書看」，或者「萬一遺忘也就無法占卜了」。爲了以上的情形，本書卷末附有一張表格，列出撲克牌的意義，只要剪下來，貼在小丑牌，那麼只要帶著撲克牌，隨時隨地均可占卜，敬請好好利用。

總之，本書採用正統的撲克牌占卜法，任何人均可很快學會。

洗牌的方法

使用撲克牌占卜時，每一張撲克牌因其所擺的方向而所代表的意義完全不一樣。

平常我們用撲克牌做遊戲或變魔術時，洗牌的方法不外以下三種，重疊式洗牌、交插式洗牌、上下式洗牌，以上的洗牌方式，牌的方向不變。

本書在占卜時，一定要把所有的撲克牌都反過來擺在桌子上，像洗麻將牌一樣，用雙手充分加以攪和。收集起來之後，首先平心靜氣隨自己的意思洗牌，最後一定要用左手切牌。

所謂切牌，就是從喜歡的地方拿起來，擺在一旁，把剩餘的牌重疊上去。

至於爲何用左手呢？因爲占卜時左手被視爲神聖，可增加神秘力。

算自己倒沒有問題，至於算別人時，「切牌」究竟由誰來做呢？這是一個很常見的問題。如果對方在眼前，那麼就由對方來洗牌、切牌。否則，先平心靜氣，儘量用心想著對方，由你自己做。

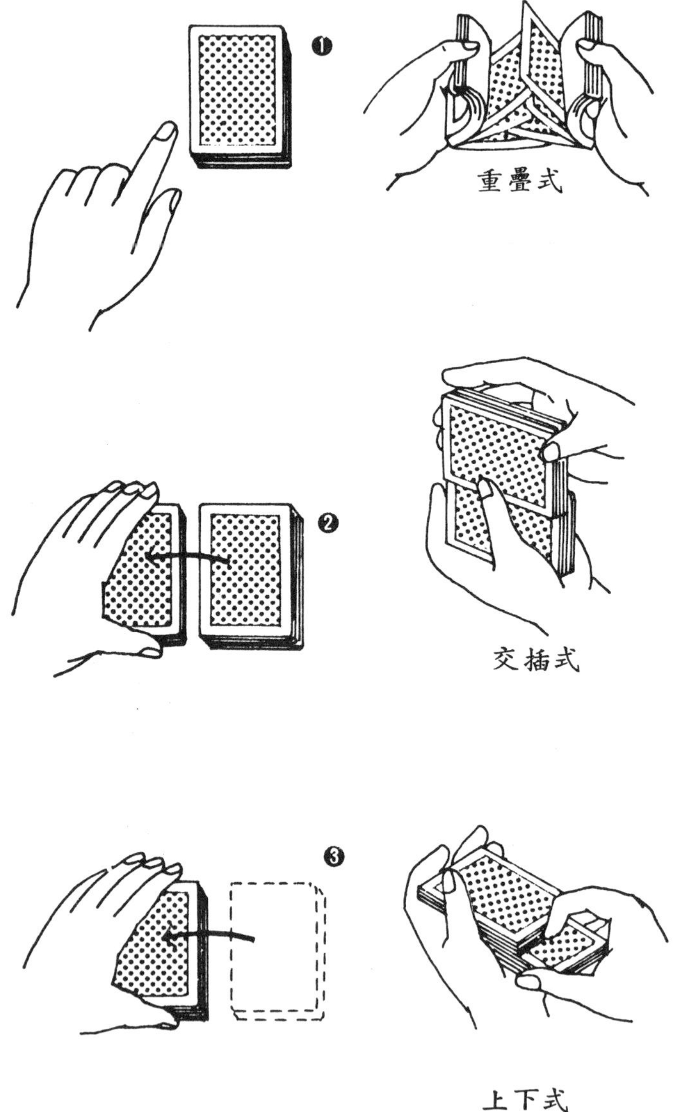

重疊式

交插式

上下式

撲克牌的正位與反位

前面一再說過，撲克牌因其所擺的方向而意義完全不同。這是因爲撲克牌的意義乃是從其正位或反位來判斷的。

關於正位或反位，首先從牌面（正面）分辨，有些牌可從牌面判斷正反，有些則否。

從牌面可判斷正、反的撲克牌

（如圖所示之樸克牌卽爲正位）

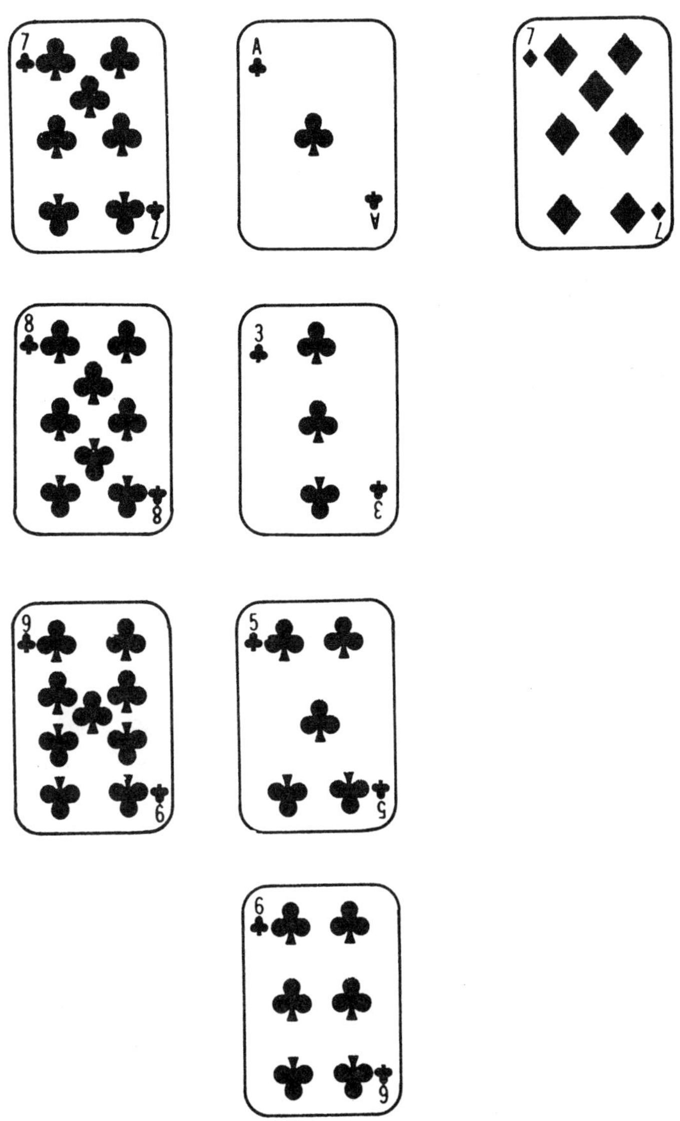

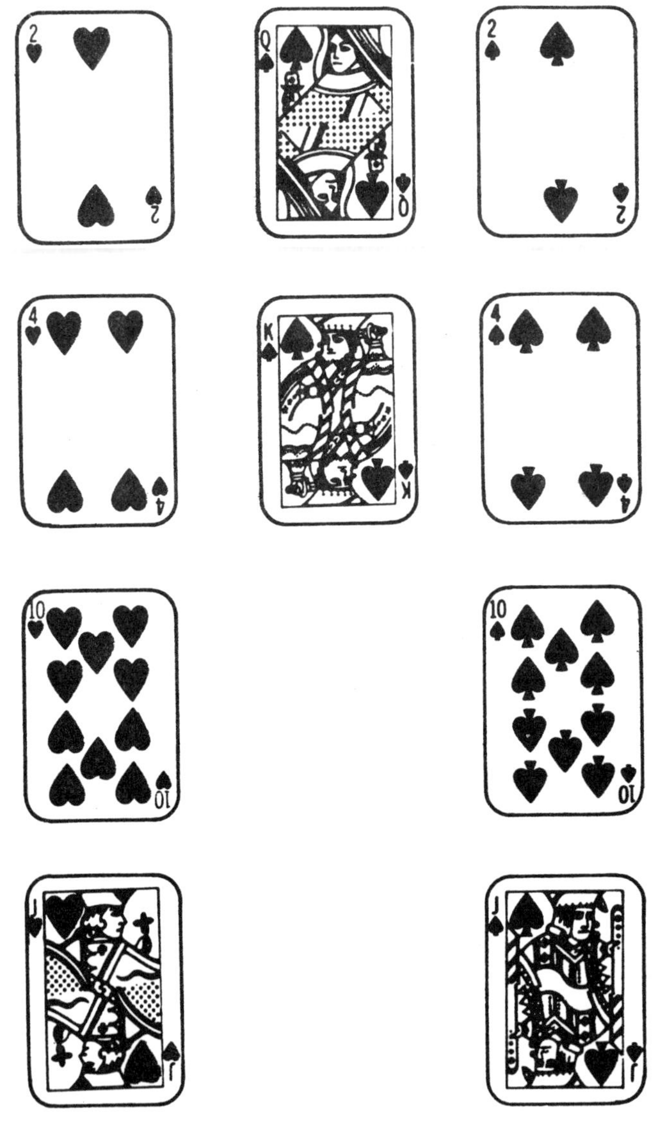
2
Q
2
4
K
4
10
10
J
J

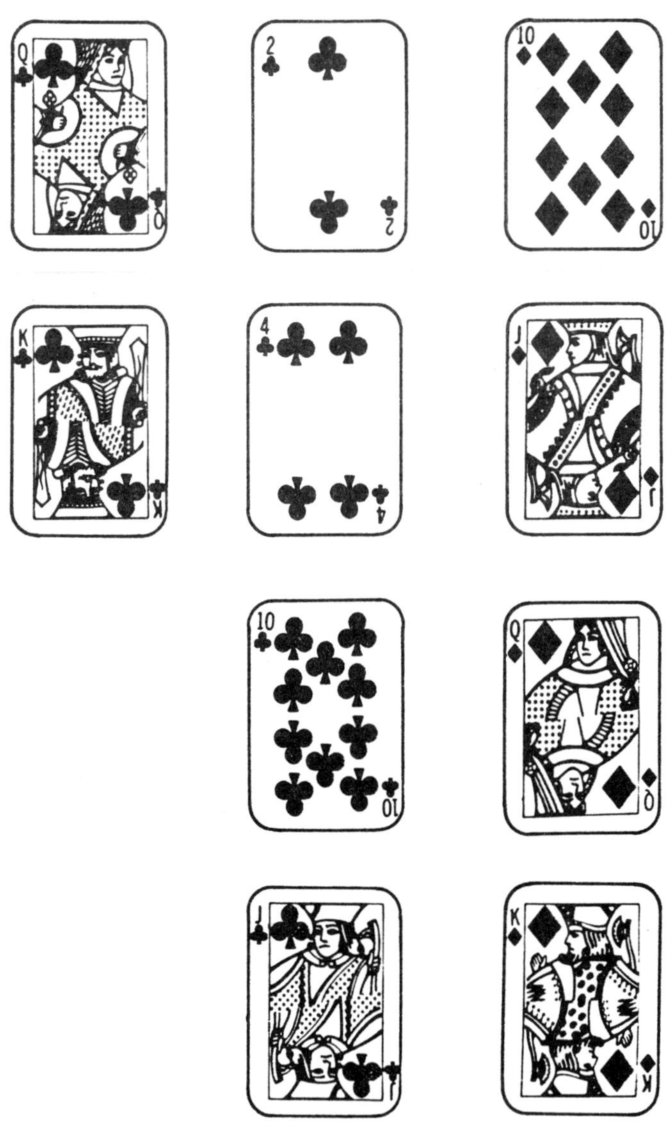

無法從牌面判斷正反的撲克牌，攤開之後則從其背面如圖案分辨正反。

因此，用撲克牌算命時，盡量選用背面的圖案容易分辨正反關係的撲克牌。

看背面的圖案時，有一點必須切記的，切莫把撲克牌的正反關係顛倒。

然而，有些撲克牌即使看背面的圖案仍然無法分辨正反關係。

（正位置）

如圖之情形，無論牌面或背面，均可視爲正位或反位，故爲了分辨起見，用筆加以標記號，以資分辨正反關係。

(正位置)

算別人時，正反關係的分辨方法

這也是一個很常見的問題，算自己與算遠方的別人時，由你自己洗牌、切牌，只要從你的方向來判斷正反關係卽可。

問題是對方在你的眼前，首先一起攪牌，再由對方洗牌、切牌(切牌時別忘了用左手)，然後由你指示對方掀牌，但是正反關係則從你的方向來判斷。

根據正位與反位判斷大局

具體的占卜法留待後面的「占法」詳述，針對一則詢問事項占卜時，例如關於你的「婚姻」或○○先生的「事業」，如果有一半以上的正位，那麼答案是肯定的，如果一半以上是反位，則爲否定的，或者肯定的可能性非常低。

撲克牌占卜的要領　其一

撲克牌占卜的方法極其繁多，有古代吉普賽人留傳下來的，有些是占卜師所獨創。

如要精通並活用撲克牌占卜，與其一味地追逐爲數衆多的占卜法，毋寧鑽研少數的占卜法，比較能夠懷著信心占卜。

占卜最重要的是，無論是占自己或爲別人占卜，都要懷著信心占卜。

然而，爲別人占卜時，如果出現的牌非常不好，不應該直接告訴對方。

在前面「前言」的部份也說過了，不僅撲克牌占卜，無論任何占卜必須是爲了明日的動力，必須是精神上的支柱，否則便沒有意義。對方也許因爲你一句無心的話，可能受到很大的傷害。同樣的材料，可能因厨師的手藝，變成美味可口的餐點或難以下嚥的餐點。

占卜術也如此，對於已掀開的牌，如何加以了解，如何加以選擇，如何加以具體說明，這才是關鍵所在。

本書儘可能列舉這方面的例子，「解法」的地方，敬請多加參考。

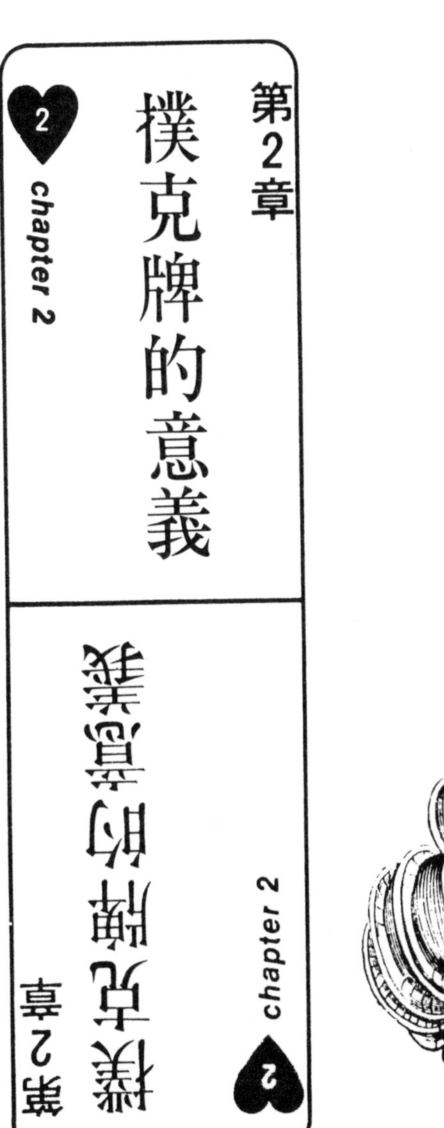
第2章
撲克牌的意義
2
chapter 2
第2章
撲克牌的意義
2
chapter 2

牌性1——黑桃

以下研究「撲克牌的意義」，在此之前，必須先認識一下各種牌的牌性。

在原始的撲克牌中，小牌分成四種，這在前面已經說過。

＜寶劍＞是其中之一。

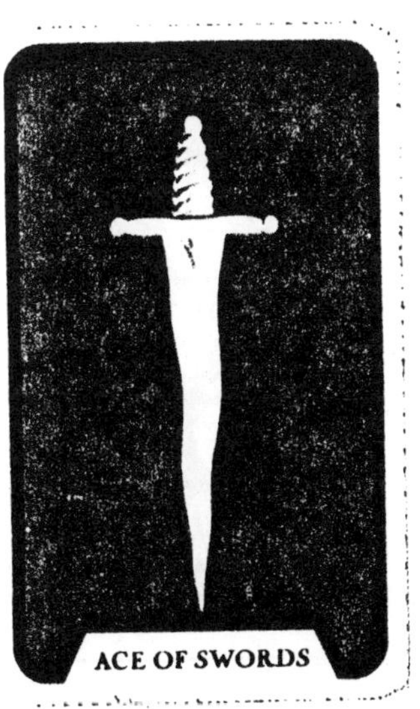

寶劍象徵貴族，也就是現在的黑桃。

黑桃的意義

從「貴族」發展爲權力、軍隊、侵略、破壞、悲劇，所以代表疾病、災難、死亡、損失、故障、障礙、離別、不和、背叛等。然而，並非每張牌均表示不好的意義。

其次是〈聖杯〉。

〈聖杯〉象徵「僧職」，亦即目前的紅桃。

紅桃的意義

從「僧侶」發展至精神上的喜悅、幸福，故代表戀愛、愛情、快活、結婚、家庭、夫妻、喜悅、人生等。

其次是〈錢幣〉。

〈錢幣〉象徵「商人」，即爲目前的紅磚（鑽石）。

紅磚的意義

從「商人」發展爲經濟、商業，故代表金錢、財產、物質、事業的成就、經濟等。

牌性4——黑梅

〈枴杖（棍棒）〉。

〈枴杖（棍棒）〉象徵「農民」，即目前的黑梅。

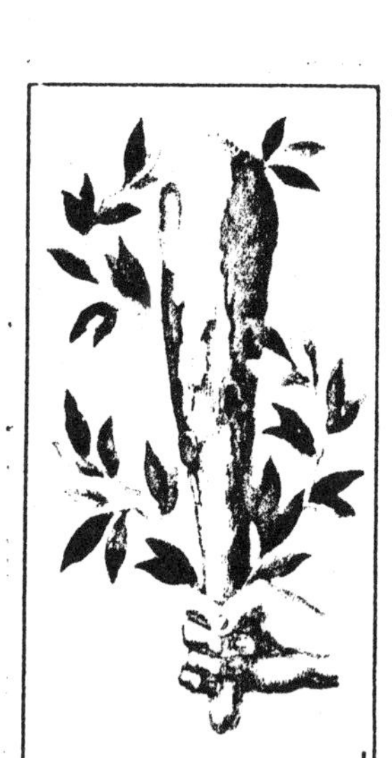

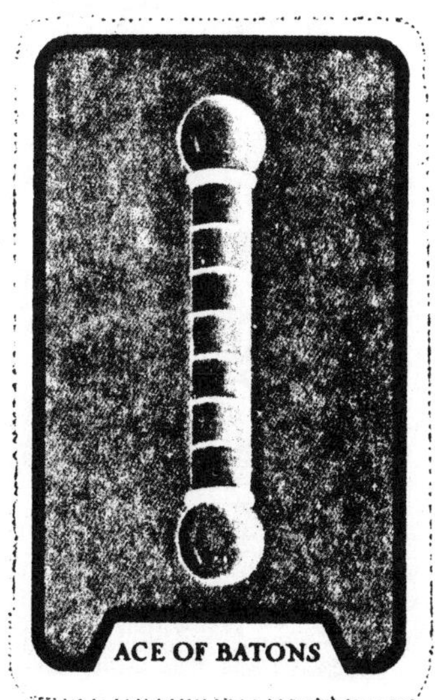

黑梅的意義

從「農民」、「農業」發展爲勞動、成長，代表繁榮、升遷、名聲、企業、友情、成功、學識等。

五十二張牌的意義

正位	反位
力量、強壯、勝利、成功、繁榮、征服、勢力 這些靠力量獲得的東西 大的決斷	災害、慘事、自殺、失敗、妨礙、困難、難產

正位	反位
優越、權威、命令、正義、統制、法律、專家、法官、具有社會地位的成功者、野心家 果斷的人	殘酷、危險的人、趕盡殺絕的人、利己主義、剛愎 邪惡的人

正位	聰明、敏銳的人 孤獨、別離 說別人的壞話或中傷別人 悲傷的女人、困境的寡婦
反位	惡意、頑迷、狡猾 復仇心、背叛 僞裝高尚的人 心胸狹窄

正位	勇氣、熟練、對立 精力充沛的小伙子 橫衝直撞 戰爭 英雄式的行爲
反位	無力、不客氣 爭執落敗的事 自大的傻子 浪費、失策

正位	痛苦、運氣差、失望、悲傷 精神苦悶 困難
反位	暫時的利益 有益、進步 短暫的成功

正位	悲慘、死亡、不幸 失敗、流產、失望 、有關情人的不安 吵架、吵嘴、擔憂
反位	疑惑、疑念 蜚短流長 恥辱

正位	反位
危機、責難、災害、支配、鬪爭、壞消息 入獄 生病	刷新、再生 新的開始 背叛 克服精神上的壓力

正位	反位
嚐試、期待、努力 新的計劃 信用、自信 可滿足之希望	諮商、討論、爭論 適當之勸告

正位	旅行、航海、冒險 在困難處境中之新嚐試
反位	走投無路 沒有意義之提議 沒有可以立即解決困難之良策

正位	征服、墮落、損害 降臨別人之不幸 失去朋友等 敵對者之出現
反位	敗北之可預見 不確定之可預見 弱點

正位	休息、暫時別離、 退却、驅逐 孤獨 延期、補充
反位	節約、警戒 活動 受保護之發展

正位	悲哀 移轉、移動 離散、分割、分散 不在 斷絕
反位	混亂、矛盾 心亂如麻 過失 無秩序 別離

正位	抵消、減法的計算 均衡、一致 友情、親友
反位	謊言 雙重人格 背叛 不誠實、不名譽

正位	喜悅、滿足、幸福 美滿、成就 財富、豐富、肥沃 家庭、住宅
反位	變化、變更 不安定 無效 單相思

正位	有責任感的人、博學的人、專家、法律家、藝術家、科學家、宗教家、商人、經營者、義務、親切
反位	藝術家氣質 不誠實、雙重人格 不正當、損失 醜聞

正位	溫情、心地善良的人、公平 漂亮的女性、最愛的人，奉獻的妻子 正直、現實的良母
反位	不道德 不可信任的女性 任性的女性 彆扭

正位	反位
招待、到達 魅力、誘惑 挑戰、計劃的前進 要求	巧妙、策略 詐欺、欺騙 陰險 不正當的手段

正位	反位
和平、滿足、喜悅 愛情、幸福 舒坦 幸福的家庭生活	失去朋友或愛人 家庭內的爭端 卑劣 憤怒

正位	反位
成功、豐富 利益、物質上的達成 繁榮 健康	失策、錯誤 物質上的損失 不美滿

正位	反位
挫折、停止努力 內向、膽怯 放棄的計劃 謙虛	幸福 款待 爲了達成目的而不斷努力

正位	反位
空想、夢想、想像 妄想、白日夢 非現實的態度 外遇、反覆無常	願望 堅強的意志 馬上可以達成的 目標

正位	反位
過去、追憶、鄉愁 消逝的幼年時代的 回想 失去的東西 過去的影響	未來 即將來臨的機會 新的展望 有失敗之可能的 計劃

正位	反位
損失、不美滿 遺產、 虛僞的友情 缺乏愛的不滿與 痛苦的婚姻	前途無量 新的關係 好消息

正位	反位
倦怠、疲勞 厭惡、失望 不幸、不佳的經驗 輕蔑、浪費	新的關係 對於過去的問題 的新處理方法

正位	解決、痊癒 結論、達成 安慰、娛樂
反位	過多、太過快樂 過多的愛情、過多的財富 延遲

正位	熱情、愛情、婚姻 性關係 協力、合作、結合 約束 友情
反位	離婚、別離 無法滿足的愛 虛僞的友情 麻煩的關係

正位	完全、成就、繁榮、幸福、無上的喜悅、財富、金錢、財寶、高貴的工藝品、龐大的財富、恍惚
反位	財富的使用方式錯誤、投資的失敗、金錢的浪費、金錢所引起的墮落、沒有快樂的繁榮

正位	君子、知性的人、經驗豐富成功的領袖、有商業才幹的人、數學上的能力、誠實的友人、聰明
反位	墮落、惡德、滅亡、弱點、不誠實

正位	安全、寬大 繁榮、福祉、豐富 自由 莊嚴、優雅、品德 財產、豪華
反位	外强中剛 疑惑 不信、不可信任 的人 邪惡的人

正位	愼重而責任感强烈 的人 可信賴的 有耐心的 可信賴的人 計劃
反位	停滯 缺乏決心或目標 偏頗的判斷

正位	反位
繁榮、財富、利益 家人、家庭 經濟 安全	命運、宿命 危險、損失

正位	反位
安全、成就、成功 物質上的繁榮 賢明、分別 辨別能力 先見之明	危險 騷動 不好的

正位	工作、就職 徒弟、學生 教育、學習 爲了學習專門性工作所付出的努力
反位	空虛、幻滅 自大 遭遇挫折的野心

正位	成就 成長、進步 商業上的成就 艱難的事業
反位	憂慮、掛念 毛躁、魯莽

正位	寬大、博愛 禮物 親切、慈善
反位	嫉妬 利己主義、物質的 貪婪 羨慕

正位	貧困、物質上的 匱乏 失敗、損失 過失
反位	逆轉 新的趣味 克服

正位	反位
儲蓄、節約 對於物質或金錢的執著 吝嗇 遺產	中斷、障礙 無法靠金錢解決事情 反對 延遲

正位	反位
熟練、技術 精巧的手藝 名聲 成熟	平凡 懶散、缺點 無聊的內容

正位	障礙、困難 實行新計劃的難處
反位	文學上的才華 書、小說、作文信 外在的享樂

正位	創造、誕生、事業的開始、一切事情的開始、發明 幸運、幸福 家庭 利益、遺產、繼承
反位	事業的前途吉凶未明 不可靠的愛情 沒有意義的生活 墮落

正位	正直誠實的人 親切、奉獻的 同情、友情 博學、教養 已婚的男人
反位	嚴格 獨斷

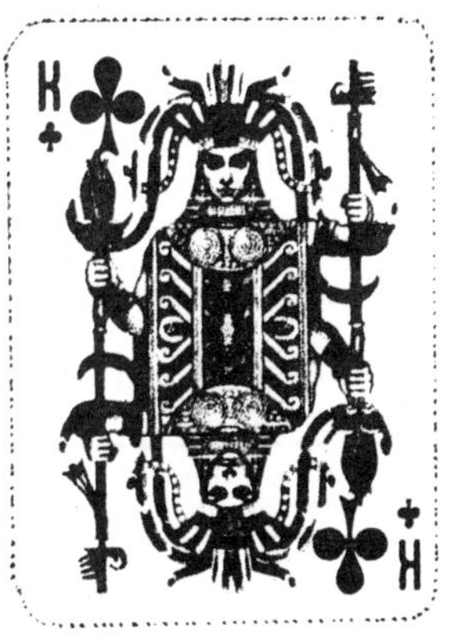

正位	親切、愛情、貞節 好意而通達情理的人 高尚、有魅力的人 有夫之婦 實際的
反位	嫉妬 不貞、反覆無常 不安定的感情

正位	出發、旅行、企劃 向前邁進 變更、不在 分離、分居
反位	不一致、分裂 口角 人際關係的崩壞 突發的變化

正位	過勞、重荷 重大的困難 前途渺茫 爲了達成目的所付出的努力
反位	逆徒、背叛 騙徒、撒謊 藉口 陰謀

正位	多難、可預料的 困難或變化 敵對者的優勢 隱蔽的敵人
反位	障礙、逆境 災難、災害、不幸 延遲 不愉快

正位	迅速、快速的行動 果斷、果決 唐突、魯莽 活動 突飛猛進
反位	嫉妒 口角、麻煩的爭論 分離、不一致 煩惱 不假思索的行動

正位	成功、利益 克服一切 優越
反位	不安、困惑、擔憂 出乎意料的發展 不確實 引起損失的猶豫

正位	勝利、征服 好消息 利益、進步 期待
反位	無限制的延期 不安、擔憂、掛念 不信、背叛的行爲

正位	苦鬪、奮鬪 努力、勞動 競爭、運動
反位	訴訟、爭論 複雜、策略 麻煩、爭端

正位	和平、平靜 羅曼史、調和 所獲得的幸運 滿足 交際
反位	失去平靜 不安定 未達成的羅曼史

正位	反位
冒險、力 交涉、商業 商業才幹 知識	援助、紛爭的結果 拒絕、背叛 損失

正位	反位
圓滿、圓滿的人格 支配 成就、達成目的	悲嘆、困難 驚訝 被他人束縛 失去信賴

第3章 占卜的方法

chapter 3

第3章 占卜的方法

chapter 3

占法─其一（正式的占法）

以下讓我們就各種實際的問題占看看。

前面約略提到撲克牌占卜的方法非常繁多。

絕大部份是先人發明，經過漫長的歷史與經驗的磨練而流傳下來的，有些則是吉甫賽人留傳下來的。

這些各色各樣的占卜，一言以蔽之，差別不外乎如何排牌（Lay Out）如何看牌，本書以最具代表性的排法（Spread）之一「七張牌排列」（Seven Card Spread）爲中心展開解說。

七張牌排列

①小丑牌除外，剩下來的五十二張牌全部翻過來，如前所述，用雙手仔細攪和。

②把全部的撲克牌收集起來，平心靜氣，隨興之所至洗牌。

洗完之後，把全部撲克牌擺在桌子上。

③用左手隨便從喜歡的地方拿起來，擺在旁邊，再把剩下的撲克牌重疊在上面。亦即「切牌」。（做完②③之後，請閉目，以免分心）。

④從最上面起，一張張掀開排列。此時，如圖掀牌時，留意與改變牌的上下。

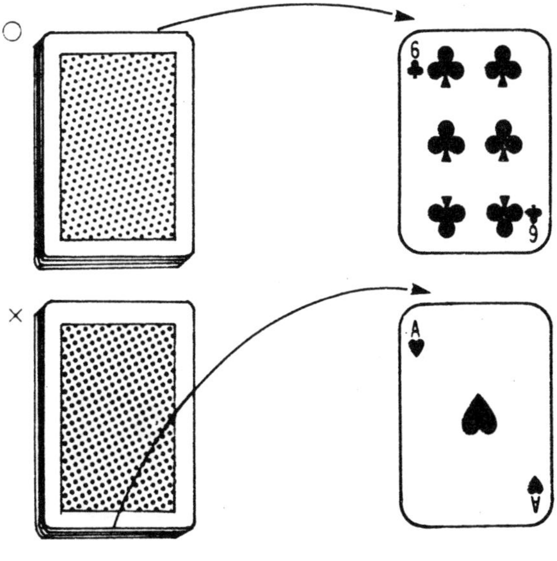

⑤如圖依序排列。

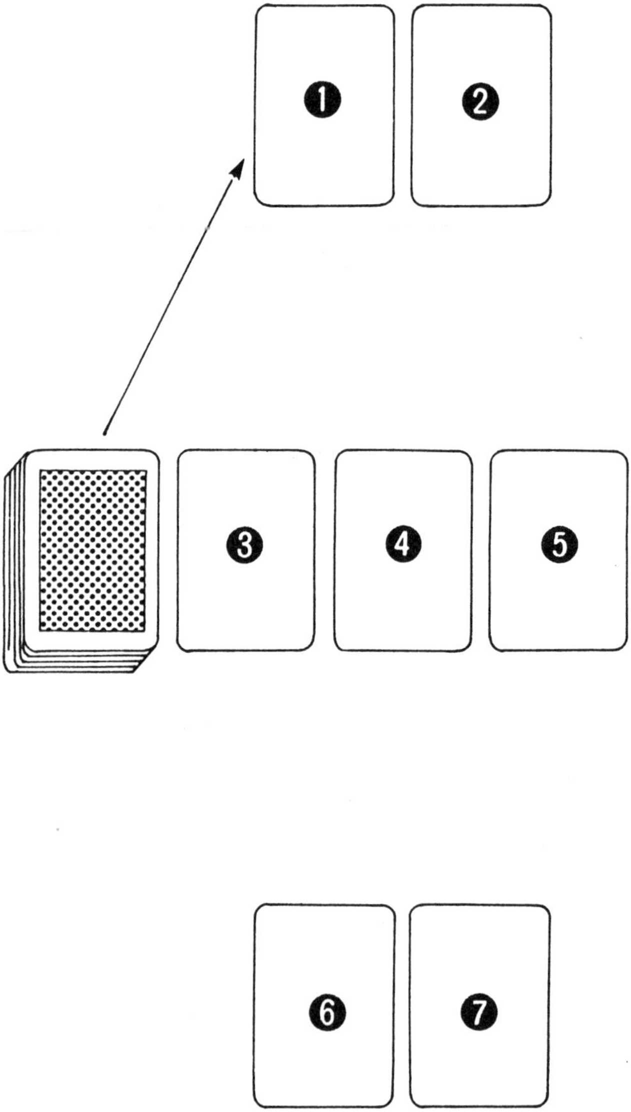

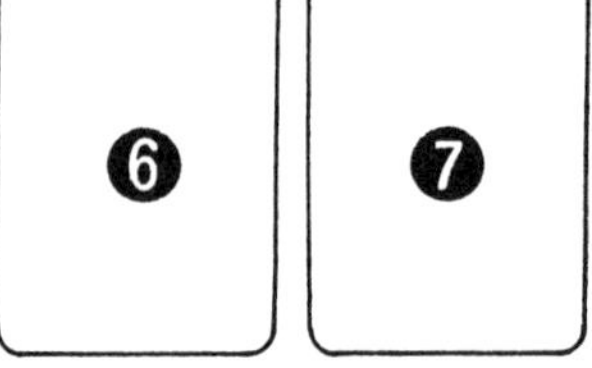

⑥ 這七張牌分別表現出如圖的意義。

過 去

1 遙遠的過去

2 最近的過去

現 在

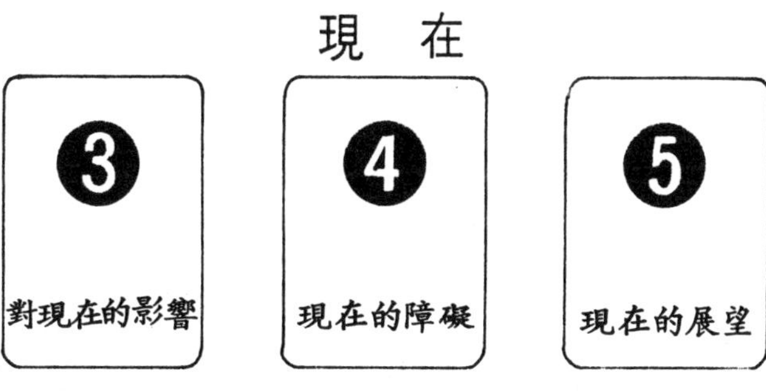

未 來

至於實際上如何推算呢？茲列舉若干實例如下。看實例時，請仔細比較「牌的意義」與「解法」。

實例1

首先算一算A先生（26歲、男、未婚）。最近他把握好機會，邀請女同事T小姐喝咖啡，前後數次，上星期天甚至一起去觀賞電影。他跟她談到興趣、工作等多方面的問題，逐漸地對她開朗、善良的個性感到好感。甚至於興起結婚的念頭，因而想試一試撲克牌占卜……。

（以下之實例均經過實際洗牌、切牌、掀牌）

A先生的牌如下：

七張牌之中，正位四張、反位三張，亦即求婚獲得首肯的可能性較大。

以下研究一下各張牌的意義。

●過 去

① 遙遠的過去

《意義》 （正位）

君子、知性的人、經驗豐富成功的領袖、有商業才幹的人、數學上的能力、誠實的友人、聰明。

② 最近的過去

《意義》（正位）

完全、成就、繁榮、幸福、無上的喜悅、財富、金錢、財寶、高貴的工藝品、龐大的財富、恍惚。

解法

A先生是個君子，有知性、聰明，正因如此，對於婚姻極其慎重，決非虛假的。

關於婚姻，他懷著完美主義的觀念。除非自己在工作上有相當成就，金錢上也絕對沒問題，否則不敢輕言結婚，這可說是他一向秉持的觀念。

他之所以產生此種以理想爲主的觀念，就某種意義而言，也可說是一種年輕人的特權。但如果就某種較不好的觀點來看的話，他不會感情用事，略具若干心機，而且自尊心頗強。

●現　在

③ 對現在的影響

《意義》　（反位）

節約、警戒、活動、受保護的發展。

④ 現在的障礙

《意義》　（反位）

藝術家氣質、不誠實、雙重人格、不正當、損失、醜聞。

⑤ 現在的展望

《意義》（正位）

喜悅、滿足、幸福、完美、成就、財富、豐富、肥沃、家庭、住宅。

解法

綜上所述，可知A先生不同於一般的年輕人。他律己頗嚴，不太會玩，力求節儉。

工作上則屬於幹勁十足，公司的同事對他頗有戒心。A先生可能沒有打麻將的牌友，更沒有飲酒的同伴。

然而，這些正好維護並促進A先生的儲蓄精神………。

但這些對今年二十六歲開始有意成家的A先生而言，似乎是相當大的障礙。連屬於正面價值的藝術家氣質，也被人私下批評爲固執的，不會變通的怪人。更嚴重的是，甚至有些人認爲A先生是雙重人格。

這些閒言閒語，女同事T小姐多少也聽到一些。

不過，請放心。目前的展望是一張很好的牌。A先生目前正陶醉在喜悅中，實際上果然如此，無論喝咖啡、看電影，她都答應，而且A先生也對她頗有好感，甚至開始認眞考慮結婚的問題………。

至於A先生的理想、工作上的成就、金錢上的問題，以他一向的努力，當可獲得，而且擁有幸福家庭的展望甚佳。

●未　來

⑥ 對未來的影響

《意義》（正位）

安全、成就、成功、物質上的繁榮、賢明、分別、辨別的能力、先見之明。

⑦ 最終結果

《意義》　（反位）

命運、宿命、危險、損失。

解法

至於未來，A先生當可獲得理想中的一切成就，物質上的繁榮，過著無可挑剔的婚姻生活。

綜上所述，再配合最終結果，A先生應該勇敢的向她求婚。這件婚事完全符合A先生的理想，甚至還可說A先生命中註定跟她結婚。

然而，有一點必須忠告的是，並非經濟上良好即有圓滿的婚姻生活。

金錢、財富總是帶有危險，也許招來某種損失。總之，別忘了對女性最重要的是體貼與愛心……………。

以上是有關A先生的婚姻。

實例2

其次算一算目前高二的B小姐。（17歲、女、未婚）

B小姐有志將來從事服裝設計的工作，她希望高中畢業後就讀該方面的專門學校，或任職相關的行業。學校的課外活動他也參加美術班。

但是B小姐的父親反對他以後從事服裝設計的工作。他認爲B小姐高中畢業後，至少要唸專科，以便將來能夠到一般的公司就職，餘暇時學烹飪、插花等，以便將來過平凡的婚姻生活。

究竟B小姐高中畢業後何去何從呢？試一試樸克牌的占卜……………。

牌形如下頁。

七張牌之中，正位六張，反位僅一張。

因此，B小姐的志願是「肯定的」。

以下研究一下各張牌的意義。

●過去

① 遙遠的過去

《意義》（正位）

危機、責難、災害、支配、鬪爭、壞消息、入獄、生病。

② 最近的過去

《意義》（反位）

藝術家氣質、不誠實、雙重人格、不正、損失、醜聞。

解法

B小姐幼小時可能罹患重病而住院。

這張顯示遙遠過去的撲克牌，代表著疾病。住院對幼小的B小姐一定如同入獄。

正因如此，更受到雙親的支配，亦即保護。

幼年期的住院生活，雙親過度的支配，也許使得B小姐多少變得比較具有反抗性。在別人眼中，或許是比較任性的女孩。

B小姐堅持想當服裝設計師，似乎使她的雙親相當擔心的樣子。

藝術家氣質——反位的紅桃十三代表如此的意義。

●現在

③對現在的影響

《意義》（正位）

嚐試、期待、努力、新的計劃、信用、自信、可滿足的希望。

④ 現在的障礙

《意義》（正位）

過度勞累、重荷、重大的困難、前途渺茫，爲了達成目的所付出的努力。

⑤ 現在的展望

《意義》（正位）

解決、痊癒、結論、達成、安慰、娛樂。

解　法

B小姐爲了貫徹自己的志願，當已付出許多努力。加入課外活動的美術組即爲其中之一。

B小姐爲了實行新的計劃所付出的努力似乎逐漸贏得雙親的信任。

然而，就像B小姐的雙親所擔憂的，服裝設計的職業並非任何人均可勝任的。

此行業的成功者只是一少部份而已，須要有得天獨厚的天資、素質，或比別人加倍努力，而且還須要有邁向成功的機會、運氣，在此過程中被淘汰下來的人眞是不計其數。

當然，這些情形B小姐也是知道的，但這也是B小姐的雙親最擔心的地方。

另外還有一點，B小姐的雙親爲B小姐的健康問題感到擔心，想起B小姐幼年時的大病，擔心她因過度勞累而損害健康，這也難怪是B小姐的雙親最感擔心的。

總之，選擇這條路可預測的是相當的困難，前途渺茫。

至於展望呢？

展望相當的明朗，連最感擔心的健康問題也似乎沒什麼問題了。

而且，撲克牌顯示出解決、達成。

B小姐將可獲得雙親的諒解，按照自己的志願，向前邁進。

至於未來呢？

●未來

⑥ 對未來的影響

《意義》（正位）

工作、就職、徒弟、學生、教育、學習、爲了學習專門性的工作所付出的努力。

⑦ 最終結果

《意義》　（正位）

圓滿、圓滿的人格、支配、成就、達成目的。

解法

撲克牌顯然已經給B小姐的未來做了明顯的暗示。

爲了在服裝設計這一行業獲得成功，勢必要付出相當的努力，以學習專門性的工作。

高中畢業後，跟隨名師學習或就讀專門學校，努力學習是很重要的。

綜上所述，再看最終結果，B小姐可以達成多年來的心願——服裝設計師。

然而，獲得雙親的諒解，免除雙親掛念，以便安心學習，也是非常重要的。

多花時間跟雙親溝通，以獲得雙親的諒解，應該是B小姐最需要努力的地方。

以下再舉一個實例。

實例3

C先生（公司職員、32歲、已婚、2個小孩）。

C先生在某中小企業上班，最近，C先生對公司的評價並不好，待遇跟任職別家公司的朋友比起來，似乎偏低。

而最近公司的經營狀態似乎也不算好，所以C先生有意另外謀職，所幸略有積蓄，只要再借一些錢，甚至可以自己做點小生意。但C先生却感到徬徨，至少身負家庭生計，也不敢太過輕率。

至於撲克牌的占卜結果呢？

牌形如下頁。

七張牌當中，正位二張，另外五張均爲反位，所以C先生的轉業是相當否定的，或者可行性甚低。

讓我們看一看各張牌的意義。

●過　去

①　遙遠的過去

《意義》　（正位）

成功、豐富、利益、物質上的達成、繁榮、健康。

②　最近的過去

《意義》　（正位）

苦鬪、奮鬪、努力、勞動、競爭、運動。

解　法

C先生進入目前的公司，工作上一帆風順。進入公司之後數年，工作上表現優秀，經濟上也很穩定，也結了婚，生了孩子，健康上也一直很良好。

但是，最近C先生似乎開始感到懷疑。

儘管拼命工作，但却沒有收到什麼成果，感覺上就像唱獨脚戲一般。

跟以前的同學交談，無論就待遇、地位而言，總有一種落伍的感覺。

●現　在

③　對現在的影響

《意義》　（反位）

憂慮、掛念、毛躁、魯莽。

④　現在的障礙

《意義》 （反位）

混亂、矛盾、心亂如麻、過失、無秩序、別離。

⑤ 現在的展望

《意義》（反位）

刷新、再生、新的開始、背叛、克服精神上的壓力。

解法

目前的C先生心亂如麻，如此下去不要緊嗎？會不會就此糟蹋一生，變成一個沒出息的人呢？這就是目前C先生最焦慮的問題。

實際上，目前的C先生沒有一定的目標，轉業或做點小生意甚至可說是比較魯莽的念頭。心亂如麻可說是目前C先生最大的障礙。此種混亂的狀態只有引起C先生在目前的工作上表現不佳。

公司的職員處於此種狀態，公司的業績當然好不起來。

C先生焦慮的心情是可以了解的。

希望轉業、自營生意等另創新局面的心情也是可以了解的。

然而，如想比目前更好，除非具有充裕的資金，再經過充分的研究，而且要有絕對的信心，否則的話，只因對現況不滿，不惜舉債自營生意，實在有必要配合占卜未來的撲克牌，再做周詳的考慮。

更重要的是，C先生本身的焦慮反而給自己造成精神上的壓力，何不試著加以克服，另行在目前的公司內創造新的局面。

●未　來

⑥ 對未來的影響

《意義》（反位）

命運、宿命、危險、損失。

⑦ 最終結果

《意義》　（反位）

未來、未來光臨的機會、新的展望、有失敗之可能的計劃。

解　法

C先生正考慮辭去目前的工作，打算另行開創新的開始，如轉行或自營生意，但就像前面說過的，除非有充分的準備，或者有相當有利的條件，否則最好再觀察一段時間。

因為在此種狀態下，重新開始是很危險的，而且可能引起損失。代表最終結果的撲克牌也顯示「有失敗之可能的計劃」。更重要的是，何不把心定下來，在目前的工作上努力。如此則未來自有新的展望。

如果無論如何也要轉業或自營生意的話，必須要經過充分的準備與研究，如此則機會遲早會光臨。

只要精通此種「七張牌排列」，無論自己的問題或別人的問題，就像實例所列舉的，能夠算到很具體的細節。

這是正式的占卜法，務必要學會並充分加以活用。

然而，占卜不僅卜算婚姻、轉行等具體的問題，有時我們也想知道當天的運氣或目前的運勢。

因此，以下列舉若干簡便的方法。

撲克牌占卜的要領　其二

常有人覺得算命（Fortune telling）不準確。

其實，算命者（Fortune teller）並非預言家，而是諮商者（Counselor）。

算命者的使命是，爲被算命的人將各種困擾、困惑整理出來，找出問題的癥結，幫助對方摸索正確的解決方向。

切莫依靠自己的權威，擅自決定對方的過去與未來。

重要的是傾聽對方想算什麼、目前有什麼問題，然後才進行占卜。

當然，也有人沒有特別迫切的問題，只是覺得好玩，想算算命。

對於此種人，自有另外的占卜法。

也有些占卜方法帶有遊戲的性質。

爲人算命時，必須先認清對方的動機。

撲克牌占卜，尤其前面所舉的例子「七張牌排列」，每一張牌分別具有意義，同時各張牌有如齒輪一般，「過去」「現在」「未來」，交疊重合，全體上構成一個系統體。

全部的牌均掀開之後，算命者首先掌握大意，然後針對各部份做解釋，此即要領之所在。

神秘之星

衆所周知的，占星學上有所謂十二星座。

同樣地，神秘之星則將撲克牌攤於十二個方向，以占卜愛情、事業、健康等項目。

採用此種方法占卜時，關於撲克牌的意義、撲克牌的位置（正位或反位則以中心爲基準），有一種占卜法採取如同「七張牌排列」的解法，但現在介紹一種更爲簡單的占卜法，只看撲克牌的種類。

首先將一副（五十二張）撲克牌仔細攪和

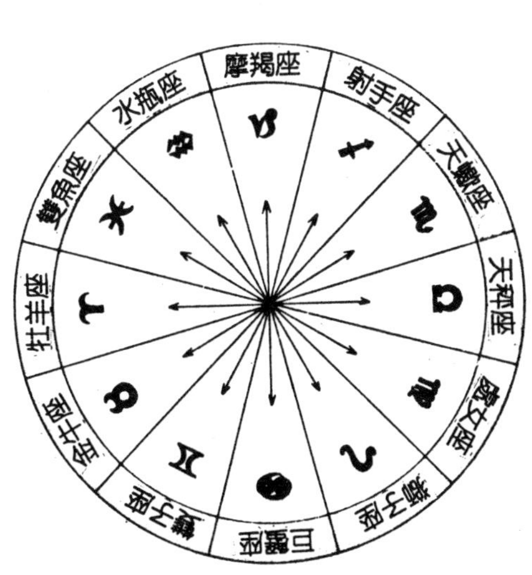

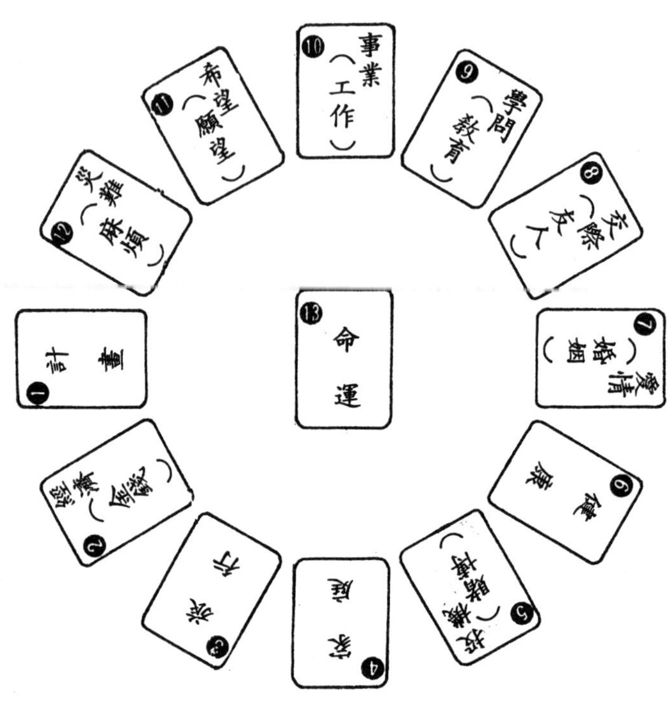

、洗牌，並用左手切牌。

其次，將上面的撲克牌如圖之順序擺放（反面）。

即使有些人沒有必要占卜全部的項目，但首先仍必須把十三張撲克牌均擺好。

如果為人占卜，而對方又在眼前，則洗牌、切牌、配牌（擺撲克牌）均由對方自己做，但必須詳加指示，以免弄錯順序。

占卜法很簡單，把自己或對方所要算的項目掀開，視該撲克牌的記號（此地跟數字無關），參照以下神秘之星的暗示即可。

1

神秘之星——暗示

計劃

實在美妙。計劃的事情一定能夠實現，無論做任何事，只要不屈不撓，必可達成目標。

爲了實現計劃，單憑一己之力將遭遇的各種問題，事先務必跟長輩、友人、家人仔細商量，如此的話，計劃當可實現。

爲了實現計劃，資金方面是否做過周詳的檢討？

無論任何事總有意想不到的開支。倘若事先考慮過此種時刻的因應措施，則計劃當可實現。

按照計劃去做的話，可能遭遇到意想不到的麻煩，如此一來，則可能遭遇人際關係、資金、日期、交通及其他各種

始料未及的問題。請再三思。

神秘之星——暗示

經濟（金錢）

用多少就賺多少，甚至更多，而且不費吹灰之力。

然而，卻必須留意勿因此而做無謂的浪費。

切莫心存「賺錢容易」的念頭。無論做任何事，均必須付出努力，「一分耕耘，一分收穫」。金錢上，當出現援助者，不虞匱乏。

財運亨通，財產或貯蓄當可增加，經濟上也很安定。

但不要存著「金錢第一」的念頭，「人和」也很重要。

何不試著拓展其他的興趣……。

「屋漏偏逢連夜雨」，諸如遺失重要的錢財或遭小偷光顧之類的不幸甚多。請多加小心。但是無論發生什麼事，千萬不要悲觀。因爲超越痛苦的勇氣才是眞正的勇氣……。

3

旅行

神秘之星——暗示

將有愉快美好的旅行。或品嚐到當地的美味，或接近富有魅力的異性，而美麗的風光更增加心情舒暢。

這次旅行很可能會成爲一生難忘的記憶。

不要一個人旅行，應有親人或好友同行。

務必跟同行者約法三章，因爲旅行容易使彼此失去約束，倘若因此而破壞旅行的氣氛，倒不如不去。

如果可以延期的話，何不再做檢討，另行擇期呢？

旅行也是人生的潤滑油，不妨多花些錢。

無論任何目的的旅行，旅行本身便是快樂的。玩的時候就徹底的玩個痛快，這也可培養明日的活力。

回家時別忘了爲家人或朋友帶些禮物。

可能在某些方面而變成一次不愉快的旅行，例如汽車、火車、飛機等交通工具方面的困擾，或者旅館、旅社方面的困擾。

若是無法延期的旅行，必須十分小心謹愼。

4

神秘之星——暗示

家庭

一家人和樂融洽，即使家人分開，彼此相互關懷，心連著心。

家中若有適婚期的男女，近日內將有佳音，若是渴望孩子的家庭，近日內也有佳音了。

家中可能有一個人很忙，例如擔任村里長或學校的家長會等。

然而，全家大小都互相關心，屬於溫暖的家庭。

可能將有意想不到的親戚打電話或來信問安。

快樂幸福的家庭，這是全家人付出努力所造成的。

偶爾買束鮮花佈置家裏，或者飯後全家做點遊戲等，諸如此類的心思是有必要的。

生活的重心是家庭。

如果家庭不合，則無論工作、讀書均無法順利。

家中最需要的是彼此溝通。

就一方面看來，也許覺得是個無聊的問題，但就當事者而言，很可能是很嚴重的問題。別忘了經常保持溝通……。

否則的話，整個家庭很可能變成四分五裂。

神秘之星——暗示

投機（賭博）

運氣好。而且第六感也很準確。

也許旁觀者七嘴八舌地吵著你，但不要迷惑，按照自己的主張做。

現在競賽中獲勝，首先必須先戰勝自己的不安。

只要擁有必勝的信心，必定勝利無疑。

保持心情輕鬆是贏得勝利最爲需要的。

試著從高一點的地方俯瞰自己，如此卽可保持心情輕鬆了。

一旦熱衷起來，沖昏了頭，也就無法獲勝了。認清玩的界限，要冷靜……。

如此的話，勝機自然光臨。

發橫財是人人希望的。

然而，老是想中頭獎，實非易事。

踏實與耐心是必須的，穩紮穩打，逐漸邁向勝利。

如此的話，最後當可獲得大勝利。

競賽總有勝負。

有的時候，心想「錯了」「糟了」，結果却贏了，但有時候一旦走下坡，無論任何事都不順心。此種時候，越著急就越陷越深。

此時需要的是「忍」字，也就是忍耐。

能夠避免就避免，該脫手的就脫手。如此才算賢明，切忌勉强。

神秘之星——暗示

健康

身心均處於最佳狀態，無論做任何事均可勝任。

以目前的情況，即使感冒或疲倦，只要睡一個晚上，隔天便沒事了。

健康是最大的財產，請努力維持目前的良好狀態。如果目前正處病中之人，痊癒的日期近了。

似乎累積著相當多的疲勞，也許給予消化系統造成相當大的負擔。

必須利用時間，讓身心均獲得良好的休息。

不要對自己的身體太過自信，如果吝惜休養的時間，因而病倒床榻，反而不划算。

身體有毛病時，一定要看醫生。千萬不要自作聰明。

雖然自己最明白自己的身體，但是不要隨便服用成藥，一定要向醫生提供詳細的資料，接受醫生的診斷，這是維持健康最重要的。

健康狀態亮起紅燈，現在切忌勉强。

無論任何事都要先考慮自己的身體，然後才採取行動。

但是要留意不要因爲考慮太多，而引起不安，這樣反而會給自己造成錯誤的暗示……。

神秘之星——暗示

愛情（婚姻）

一定擁有人人羨慕的美妙愛情。

相親相愛，旁人也都幫忙你們。

想結婚的人，近期內有好消息。

至於正在考慮是否應該結婚的人，前景非常美好，應該結婚。

無論如何，有一點共同的是，應該把握機會，千萬別讓機會溜走……。

正在戀愛，同時也出現强勁的對手。

爲了培養愛情，必須經常安慰對方、關心對方。

而且必須要有無論遭遇任何障礙均有加以超越的勇氣。

否則，可能會敗給對手。

如果要結婚，必須留意勿傷害到周圍的人，並要獲得家人充分的支持。

卽使憧憬美妙的愛情，但採取消極的態度，恐怕無法實現。

採取消極的態度，愛情也會背向而去。只要有機會出現，就要積極的把握。

再者，婚姻生活重要的不只是經濟問題，如果一味地拘泥經濟問題，卽使是大好機會也會消失的。

恐怕是單戀，卽使爲對方著想，但却出現反效果。芝蔴小事却引起很大的誤解。

若是婚姻，會突然感覺對

方一無是處，甚至可能發生移情別戀等糾紛。

此時需要的是，自己一個人冷靜下來，仔細檢討何去何從。

8

神秘之星——暗示

交際（友人）

有人緣、也受人信賴，到處受歡迎。

被邀請參加婚禮或宴會的機會相當多。

好友多，而且都是知音、援助者。應該好好珍惜。

有所謂「會做人的人」，指的是凡事均設身處地爲人著想的人。

另外還有所謂「八面玲瓏」的人，兩者完全迥異。

前者是誠心誠意的。

後者是言行不一致，陽奉陰違。

明白這一點之後，不妨試著做一個「會做人的人」。

尋找一個在艱難時能夠提供建議的朋友也是很重要的。

跟工作有關，忙著交際應酬。

但却因此反而遭人嫉妬或中傷。

然而，不要介意，此時需要的是，光明磊落的態度勝過辯解。

如此當可獲得別人的諒解。

自己奔波勞碌，別人却坐享其成。

而且，所有的努力、盡力似乎絲毫未受到評價的樣子。

但是，不要氣餒，遲早別人會明白的，請再繼續努力。

朋友間，有時可能因芝蔴小事而失和，甚至有翻臉的可能，還請留意。

神秘之星——暗示

學問（教育）

記憶力好，知識廣博，在以後的研究工作上將是一大力量。請繼續努力。

若是目前正在從事研究工作的人，將有圓滿的成果。

臨考的人，成績優秀。想升學的人，一定可以升學。請繼續努力。

身心均充實，無論研究或讀書，均可更加深入。

結果一定受到好評，例如獲得表揚等。

臨考的人只要做最後的衝刺，結果一定滿意。

無論讀書或從事任何研究，一定要有充分的資料與參考書。

最好再收集多一點的資料

與參考書，效果當可更爲提高。

即將參加升學考試的人，不要心存僥倖的心理，要多多努力，靠自己的實力突破。

擬定正確的目標最爲重要，只要目標正確，當然銳不可當。

相反的，萬一目標錯誤，結果自不在話下。

從事研究工作等，主題的選擇非常重要，敬請仔細檢討。考試則切忌粗心大意。

神秘之星——暗示

事業（工作）

採用嶄新的計劃，無論從商或工作，均可獲得大成功。

受人歡迎，周圍的人也樂意相助。

事業順利，新客戶增加，營業額也增加。

若是上班的人，最近可能獲得加薪或昇遷。

經營事業，需要衆人鼎力相助。

請致力於做好公共關係，例如客戶方面、廠商方面、銀行或政府機關等各方面的關係。

若是上班的人，要保持同事間的和氣。最近也許有意想不到的任命。

生意興隆，一帆風順，但如果只一味追求利潤，也許會掉入意想不到的陷阱。

對客戶的服務、從業員的犒賞、感謝等事項，有時必須以具體的行動來表示。

若是上班的人，付出努力一定有收穫。

弱肉强食的確是很普遍的現象，有時强硬的態度也是必要的。

然而，太過强硬反而造成反效果。

客戶有減少的可能，甚至

有跟人結下恩怨的可能。

「柔能克剛」，做事不妨採取彈性一點的態度。

若是上班的人，可能捲入公司內部的糾紛，務必小心。

11

神秘之星——暗示

希望（願望）

（請先在內心想像具體的希望，然後再卜算。）

願望很快可以實現，喜悅的日子即將到來。

這是平日的誠意與努力的成果。

無論如何，別忘了經常保持感謝的心情……。

也許慢一點，但希望總會實現。

然而，也許有人私下嘆息，務必保持樂觀……。

雖然不能完全依照希望，總之，差距不遠。

希望立刻獲得實現的可能性似乎甚低。

請再度懷著誠意繼續努力。

神秘之星——暗示

災難（麻煩）

請放心，可以避免災難或麻煩，但不要太過鬆懈。我們的周圍經常有危機潛伏。

不至於因小小的疏忽或大意而捲入麻煩。

請特別留意公害或交通方面的事故。

家人或親人遭遇此類災難的可能性似乎不小。

外出時，應多加叮嚀。

在目前的社會上，加害者有時意味著被害者的意思。開車要小心。

可能捲入經濟方面的麻煩。

當保證人、簽訂契約等，總之，凡事需要蓋章時，要十分小心。

再者，購物或其他各種付款等，要先仔細計算，擬妥預算。

隨便購物可能引起青黃不接。

似乎處於非常危險的狀態，如同站在針氈上一般，周圍佈滿各種危險。

此時需要的是冷靜，把心靜下來，留意周遭的一切。

可能身心疲憊，但很快可以好轉。

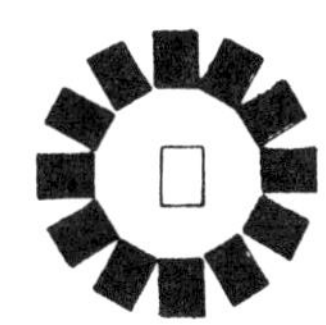

神秘之星——暗示

命運

目前正處於極佳的上昇運，無論做任何事，均有稱心如意之感。

可能也有意想不到的喜事光臨。

重要的是，控制感情。如果太過肆無忌憚，好運也會溜走。

即使有不高興的事情發生，也不要表現在臉上。

經常保持笑臉，此種態度可保持目前的幸運。

一定要緊記在心。

請仔細考慮究竟選擇何種工作、任職何種公司、或者考何種學校。

不可思議的是，就寬濶的世界而言，只有極少數的人基於某種緣份，而聚集在一起。

人際關係左右一個人的命運。命中帶有認識極佳的人而

獲得成功，問題是分辨的眼力與能力。但未必就是上司或目前的成功者。

多花點時間找出那個人。

答應或拒絕，左邊或右邊，瞬間的決斷往往改變一個人的運氣。

過去似乎由於優柔寡斷而引起相當大的損失。

再者，自己原想拒絕的，但考慮對方而答應了，此種情形豈不常發生嗎？

擁有基於堅强的意志而獲得成功的運氣。

因此必須要有正確的判斷能力，並且考慮到不傷害對方。

命運似乎勞苦多、困難多。

然而，事在人爲。勞苦越多，則超越的喜悅就高人一等，其經驗對克服今後的困難將有莫大的貢獻。

只要努力奮鬪，自有光明的日子。

今日的運氣

這也是非常簡單的占卜。

五十二張撲克牌當中，只用十二張畫有圖像的撲克牌（K、Q、J）。

把十二張牌翻過來（背面），仔細攪和、洗牌，用左手切牌。

順序從上面掀開，每四張排一列。

此項占卜法乃是根據各撲克牌的數值（K、Q、J）。

因此，跟撲克牌的種類（紅桃、黑桃、紅磚、黑梅）完全無關。亦即從K、Q、J的排列方式占卜當天的運氣。解法請參照以下同樣順序的項目。

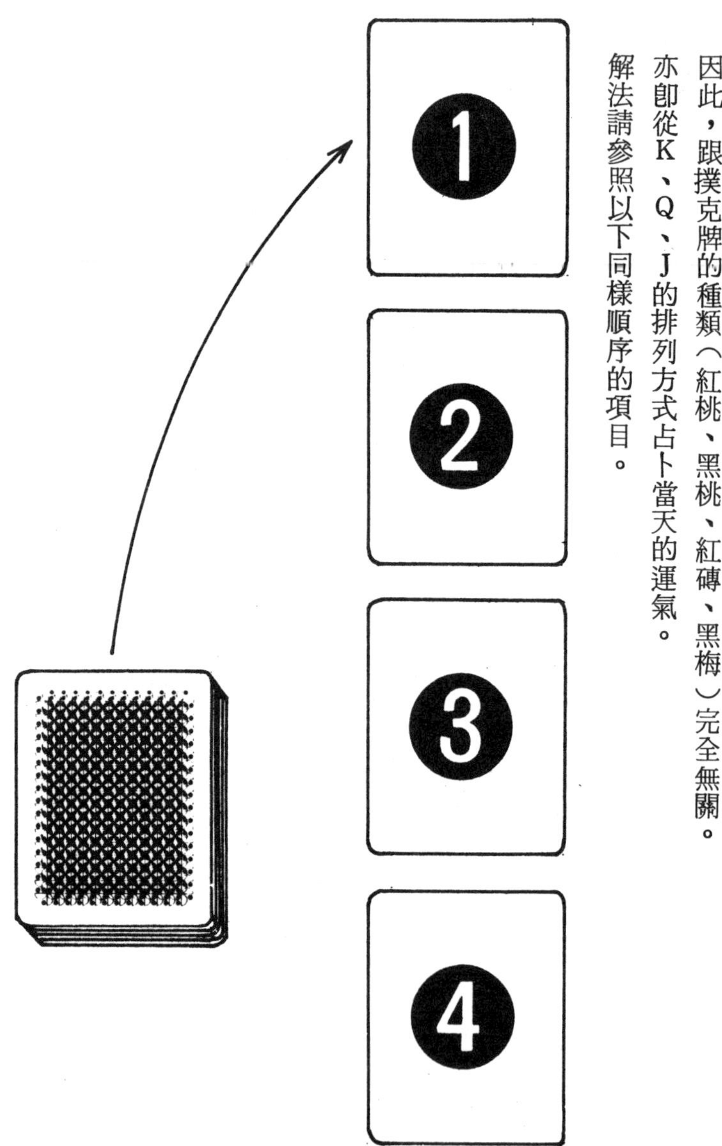

KKKK 今日是大幸運的日子，無論做任何事均稱心如意，此種機會千萬別錯過……。

KKKQ 友人關係或羅曼史等對人的關係上可能有好的轉變。

KKKJ 工作上或金錢上是幸運的日子。

KKQK 必須對家人或親戚做點服務。

KKQQ 只要今日有所計劃，未來一定有收穫。

KKQJ 今天是變化多的日子，不妨把問題集中起來處理。

KKJK 多做點有益身心的活動，如閱讀、散步等。

KKJQ 今天可能跟異性發生磨擦。

KKJJ 今天即使接下相當困難的工作也能加以處理。

KQKK 可能受到上司或長輩提拔。

KQKQ 有社交上的喜悅，另外也深受異性的青睞。

KQKJ 今天不妨進行帶有賭博性質的事情。

KQQK 關懷別人，自己也感到快樂。

KQQQ 家有喜事。

KQQJ 可能是混亂的一天，凡事多小心。

KQJK 今天可能有意想不到的開支。

KQJQ 如果公私混淆，可能造成莫大的損失。

KQJJ 著急只有招來損失，先冷靜下來，按步就班的做。

KJKK 可能有愉快的事，例如好友聚餐等。

KJKQ　可能捲入無聊或糾紛。

KJKJ　今日無論任何問題，均不要放棄自己的原則。

KJQK　飲食要有規則，否則將給身體帶來相當的負擔。

KJQQ　趁早把該做的事做好。

KJQJ　切莫魯莽，妥協是有必要的。

KJJK　今天是推銷自己的好日子。

KJJQ　今天可能因信口開河而引起麻煩，千萬要小心……。

KJJJ　關於工作或讀書方面，今天可能得到好評。

QKKK　今天無論處理什麼事，均要仔細考慮步驟，注重效率。

QKKQ　身心均充實，可大肆活躍的日子。

QKKJ 應寫的信，就在今天寫好、寄出。

QKQK 購物的好日子，一定不會吃虧。

QKQQ 異性的交往，可能有新的發展。

QKQJ 不要光想，應該付諸實行。

QKJK 容易與人發生爭吵的日子，處理事情要有理性……。

QKJQ 今天沒有特殊的變化，有空就多休息……。

QKJJ 關於興趣方面，可能有好的發展。

QQKK 今天是運用友人或親人的力量的大好日子。

QQKQ 深受周遭的期望，評價也高。

QQKJ 今天不要太過得意忘形……。此將引起別人反感。

Q Q Q K
贈禮給親人………。一定有好報。

Q Q Q Q
適合投機、購物的日子。金錢問題也將有很好的解決。

Q Q Q J
勉強別人接受你的意見，勢必引起糾紛………。

Q Q J K
情緒不佳時，千萬不要勉強自己。

Q Q J Q
上午精力充沛，下午則精神萎靡。

Q Q J J
適合擬定假期的活動，一定美好。

Q J K K
多多留意有關交通方面的事故。

Q J K Q
時間上容易引起麻煩的日子。

Q J K J
趁早解決家中瑣碎的事情。

Q J Q K
似乎有你意想不到的人想跟你聯絡。

QJQQ 多吃點營養的東西補充體力。

QJQJ 蓋章或簽字時，要先仔細考慮……。

QJJK 勿急躁、再多等一會，也許會有好結果。

QJJQ 晚上似乎有捷報。

QJJJ 不要未經商量便做突然的變更。

JKKK 不要只羨慕別人，要力求上進。

JKKQ 心血來潮的思緒中有很好的創意，好好把握。

JKKJ 工作或金錢方面的努力開花結果的日子。

JKQK 多管閒事將自找麻煩。

JKQQ 直覺準確的日子，下判斷時要有信心。

JKQJ 適合跟家人做做遊戲，增進家庭的和樂。

JKJK 今天要留意別人的甜言蜜語。

JKJQ 無論任何事均應懷著信心處理。曖昧的態度將引起誤會。

JKJJ 別忘了對所有人懷著感謝的心情……。

JQKK 社交方面似乎有好的轉變。

JQKQ 暴躁會引起損失，暴躁是運氣不佳的根源。

JQKJ 也許有喜訊光臨。

JQQK 敗而不餒，勿因小失敗而自暴自棄。

JQQQ 當別人有事找你商量時，應該熱心幫忙。

JQQJ 任何事均想得太容易會發生差錯。

JQJK
福氣光臨笑臉的人，今天應該儘量笑臉迎人。

JQJQ
過去的努力開花結果，必有成就。

JQJJ
如果答應別人的邀請，就應該參加。

JJKK
不妨重新佈置一下家裏，以調劑心情。

JJKQ
如有疑難的問題，最好率直地找長輩商量。

JJKJ
今天如與人有約，一定要反覆確認內容。

JJQK
娛樂方面將有快樂的事。

JJQQ
今天可能因別人的閒語受氣，只要不當一回事就沒事了。

JJQJ
虛心接納友人的勸告。

JJJK
今天可解決虛懸多日的問題。

J J J Q 今天適合跟家人或親友擬定渡假的計劃。

J J J J 身心均充實，適合進行新鮮的或相當冒險的事。

愛情占卜(一)

適合目前正在談戀愛的人。

方法

從一副撲克牌當中找出十三張黑梅與十三張紅磚。

將黑梅與紅磚分開。

首先把十三張黑梅仔細洗牌。然後由左向右排成一列。

其次，將紅磚洗牌，在黑梅下方排成一列。

對照上下的撲克牌，找出數字相同的撲克牌，即可用來占卜。

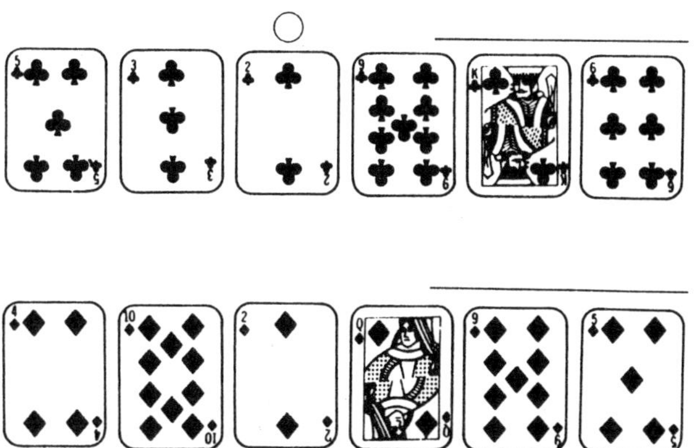

如果沒有一組相同的，則視爲0。

再者，如有兩組以上相同的，則按照A、K、Q、J、10、9、8、7、6、5、4、3、2的順序，採最大的數字占卜。

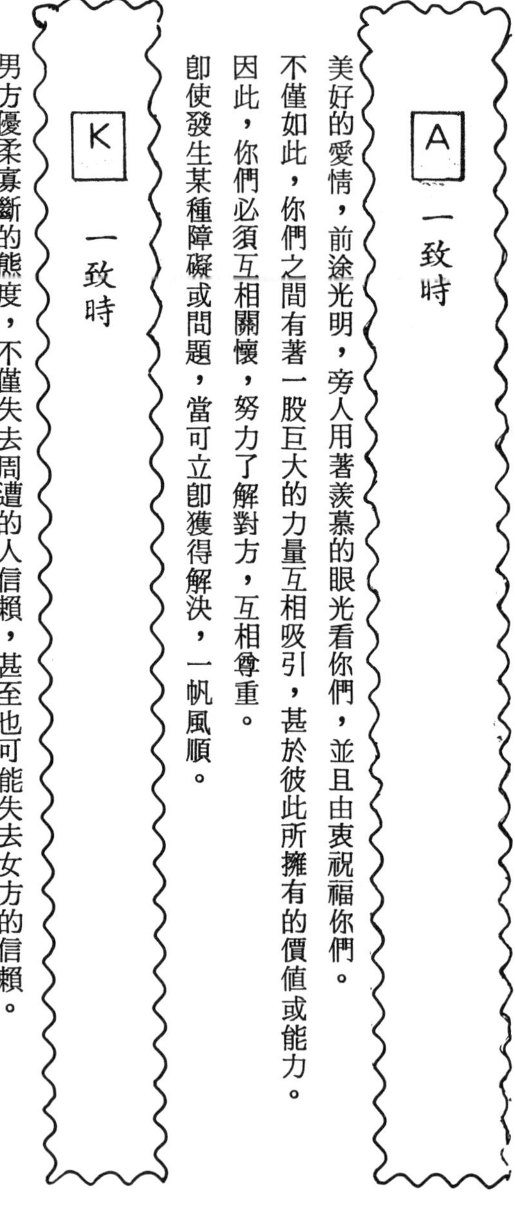

A 一致時

美好的愛情，前途光明，旁人用著羨慕的眼光看你們，並且由衷祝福你們。

不僅如此，你們之間有著一股巨大的力量互相吸引，甚於彼此所擁有的價值或能力。

因此，你們必須互相關懷，努力了解對方，互相尊重。

即使發生某種障礙或問題，當可立即獲得解決，一帆風順。

K 一致時

男方優柔寡斷的態度，不僅失去周遭的人信賴，甚至也可能失去女方的信賴。

一對由果斷、可靠的男方所引導的情侶，才可贏得周遭的人用著羨慕、祝福的眼光看待。

因此，女方有必要保持某種程度的溫柔，女性的溫柔對男人是很可貴的，同時也可促使男方拿出魄力。

如果戀愛中的你們缺乏這一點的話，那就必須多加努力了。

Q 一致時

燃燒似的愛情應該是很美好的。

但正因燃燒，倘若女方的獨佔慾太强，對方很快就會生厭的。

女方有時必須收斂一點，將燃燒似的感情藏在內心，做個謹愼的淑女。

今後你們的愛情如何發展，結果如何，關鍵可說完全掌握在女方。

J 一致時

雙方應該再多多努力，一定可產生好結果。

照目前的情況發展下去的話，男方很可能轉而熱衷賭博或其他的娛樂，如此的話，兩人之間便有逐漸產生裂痕的趨勢。

再者，你們對於爲別人奔走似乎比對自己的感情更熱心。幫別人的忙當然是好事，但重要的是，要珍惜自己的感情。

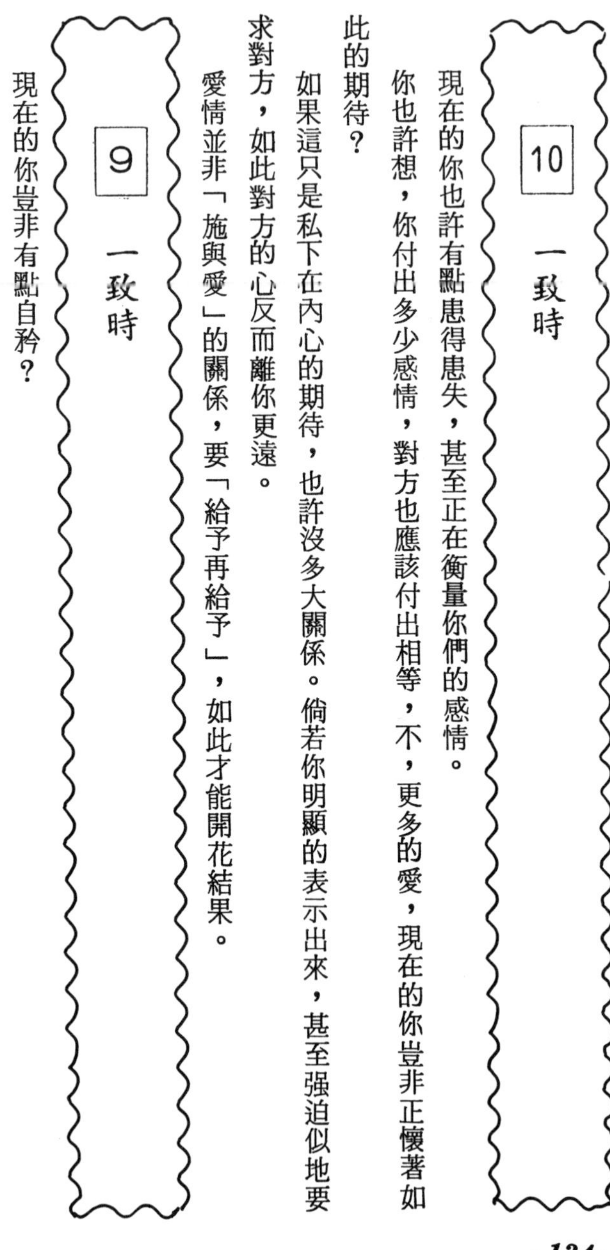

10 一致時

現在的你也許有點患得患失，甚至正在衡量你們的感情。

你也許想，你付出多少感情，對方也應該付出相等，不，更多的愛，現在的你豈非正懷著如此的期待？

如果這只是私下在內心的期待，也許沒多大關係。倘若你明顯的表示出來，甚至强迫似地要求對方，如此對方的心反而離你更遠。

愛情並非「施與愛」的關係，要「給予再給予」，如此才能開花結果。

9 一致時

現在的你豈非有點自矜？

因此，你把愛情的表達壓抑下來，對方似乎完全不明白你的心意。

用合理的方式處理事情，這是非常好的，但愛情却另當別論。採用冷靜的態度，不僅無法把眞意傳達給對方。甚至可能引起對方誤解。

實際上，對方是愛你的，但長久下去，對方難免會灰心。因此你應該率直地表示自己的感情。

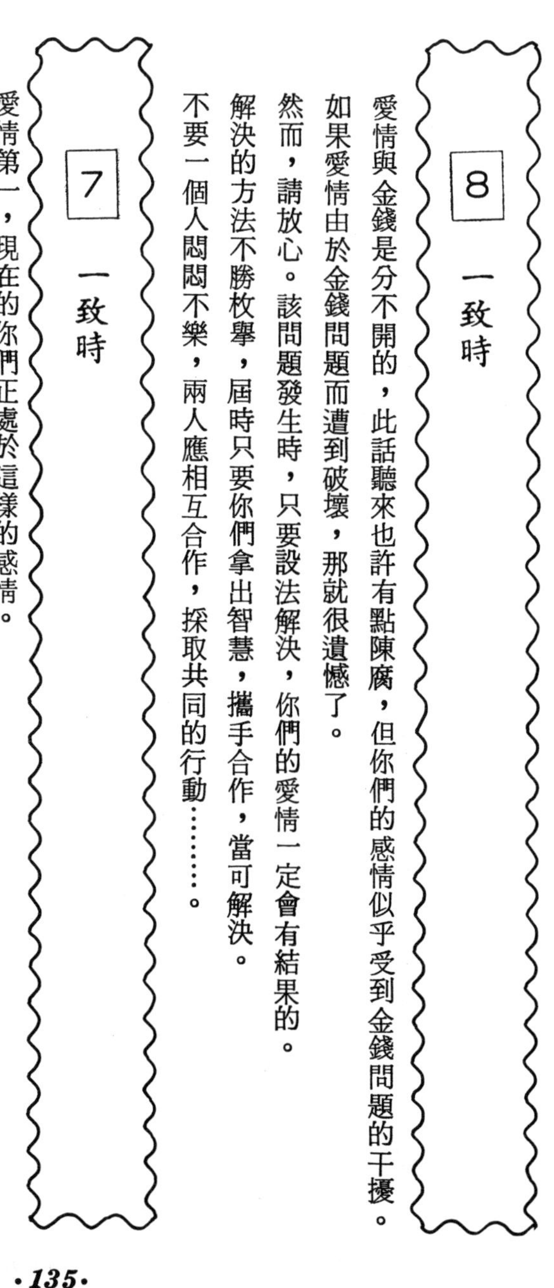

8 一致時

愛情與金錢是分不開的，此話聽來也許有點陳腐，但你們的感情似乎受到金錢問題的干擾。如果愛情由於金錢問題而遭到破壞，那就很遺憾了。

然而，請放心。該問題發生時，只要設法解決，你們的愛情一定會有結果的。解決的方法不勝枚擧，屆時只要你們拿出智慧，攜手合作，當可解決。不要一個人悶悶不樂，兩人應相互合作，採取共同的行動……。

7 一致時

愛情第一，現在的你們正處於這樣的感情。

然而，不要太過火，否則在旁人看來就有點做作了。
即使一對可愛的情侶，一旦愛得過火，也將遭別人嫉妒、反感，甚至誤解。
如果周遭的人用這樣的眼光看待你們的話，那就很遺憾了。
儘管有美好的感情，也必須考慮周圍的情況而進展。

6 一致時

現階段對方似乎不像你一樣愛得那麼深。
然而，爲了達成愛情，必須要有勇氣超越任何障礙。
你應該多製造機會，讓對方知道你多麼愛他。機會之一是旅行，團體旅行或兩個人一起旅行均可。
奉勸你著手擬定旅行的計劃。
屆時不要畏縮，勇敢地表明你的愛情。

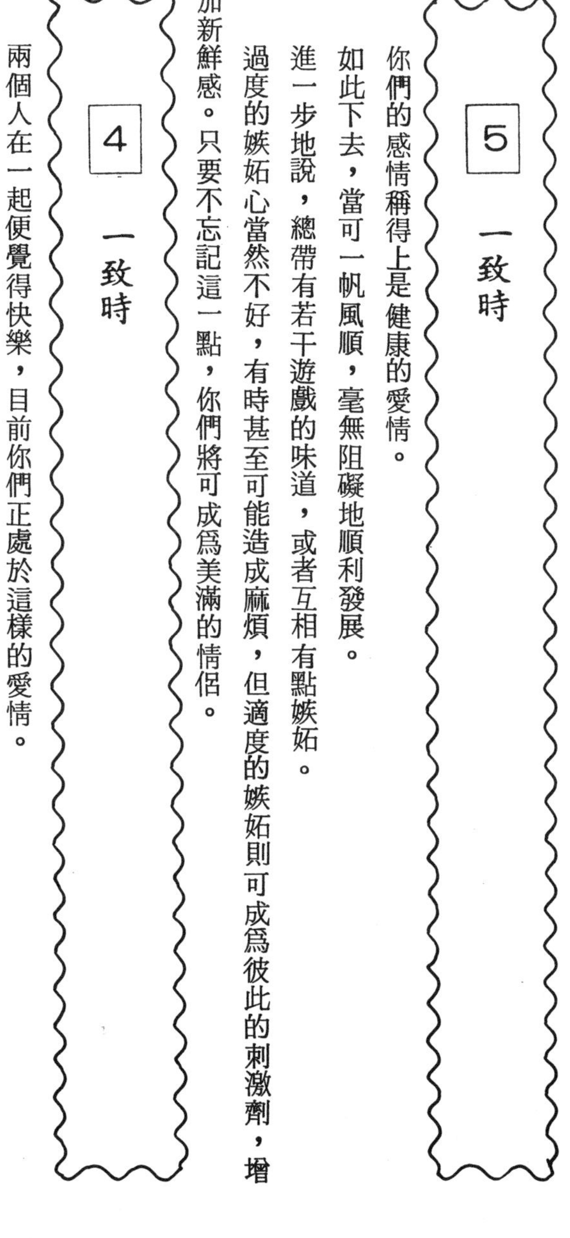

5　一致時

你們的感情稱得上是健康的愛情。

如此下去，當可一帆風順，毫無阻礙地順利發展。

進一步地說，總帶有若干遊戲的味道，或者互相有點嫉妬。

過度的嫉妬心當然不好，有時甚至可能造成麻煩，但適度的嫉妬則可成爲彼此的刺激劑，增加新鮮感。只要不忘記這一點，你們將可成爲美滿的情侶。

4　一致時

兩個人在一起便覺得快樂，目前你們正處於這樣的愛情。

不錯，感情好的時候，周遭的一切似乎大可不必介意。

然而，有一點必須注意的是，你們之中也許有一位將發生個人的問題，以致於兩人在一起會發生不快樂的事。此種時候，不要一個人悶悶不樂，要說出來，兩個人一起解決。

愛情需要有耐心，一旦失去機會，要重新開始就大費周章了。如果發生此種問題的話，務必努力解決。

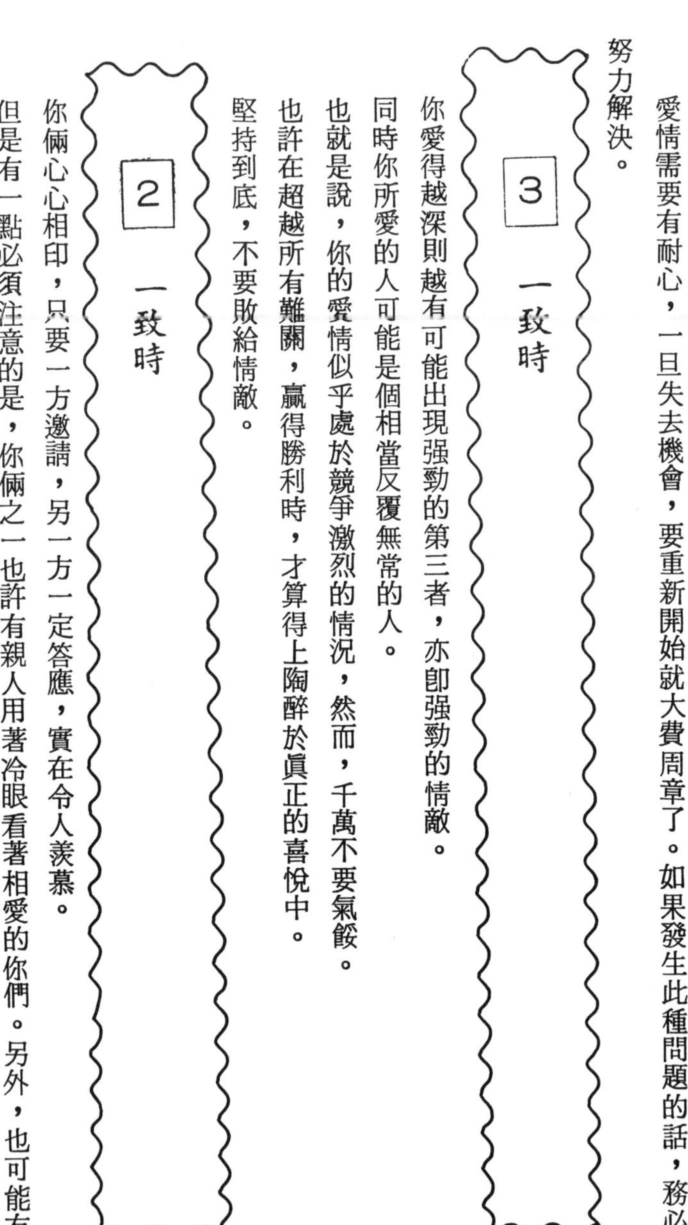

3 一致時

你愛得越深則越有可能出現强勁的第三者，亦卽强勁的情敵。

同時你所愛的人可能是個相當反覆無常的人。

也就是說，你的愛情似乎處於競爭激烈的情況，然而，千萬不要氣餒。

也許在超越所有難關，贏得勝利時，才算得上陶醉於眞正的喜悅中。

堅持到底，不要敗給情敵。

2 一致時

你倆心心相印，只要一方邀請，另一方一定答應，實在令人羡慕。

但是有一點必須注意的是，你倆之一也許有親人用著冷眼看著相愛的你們。另外，也可能有人散佈蜚短流長，企圖中傷你們。

但是，你們千萬別因這些而遭到干擾。

不要相信別人的話，應相信對方的話，需要有勇氣靠熱情來超越障礙。

O 沒有一組相同的牌

檢討一下你的感情，對方是否愛你倒是一個疑問。

姑且拿任性來說，相愛的人連任性也是出自好意的，否則任性幾乎出自利己主義。

請再度冷靜探討看看，如果經過相當時間的考慮之後，確定你眞正愛著對方，那就應該用前面的方式重新開始。

但必須留意不要彼此傷害，而以悲劇收場。

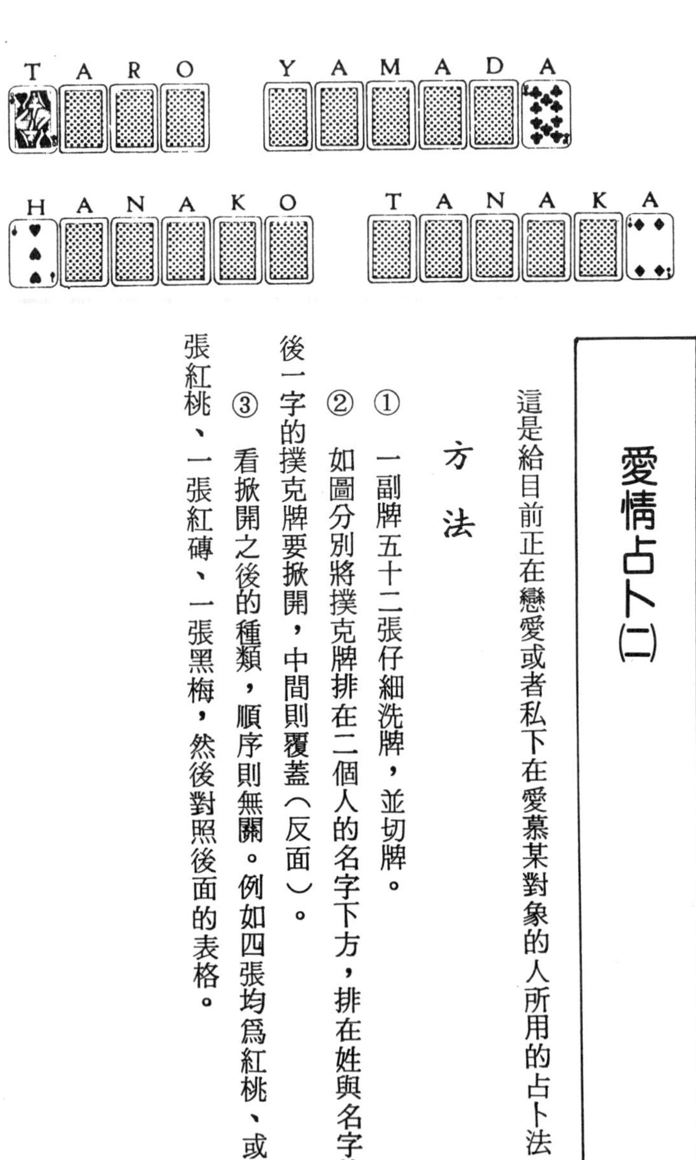

愛情占卜(二)

這是給目前正在戀愛或者私下在愛慕某對象的人所用的占卜法。

方法

①一副牌五十二張仔細洗牌，並切牌。

②如圖分別將撲克牌排在二個人的名字下方，排在姓與名字的最後一字的撲克牌要掀開，中間則覆蓋（反面）。

③看掀開之後的種類，順序則無關。例如四張均為紅桃、或者二張紅桃、一張紅磚、一張黑梅，然後對照後面的表格。

在愛情占卜中，四張均爲紅桃，可謂美妙至極。你倆的愛情將更爲發展，目前沒有任何障礙。

若是正考慮結婚的話，應趁早舉行。

再者，倘若尚未向對方表白愛意，應該儘早表白，當可獲得滿意的答覆。

受到祝福的愛情，實在令人羨慕。且你倆的愛情結合，周圍的人們也都由衷喜悅。請安心發展你倆的愛情。

何不收集一些喜帖？

天生的一對，實在可喜可賀。

凡是你們的計劃，無論任何事均可進行順利。敬請懷著信心，繼續交往下去。

倘若你尚未確定對方的意向，不妨用書信的方式表達你的情意。

事情一定會順利的。

「熱戀」兩個字適合用在你倆身上。

然而，別忘了克制。

但願這樣的勸告還來得及，否則就糟了。

因此，男方必須收斂一點、懂得分寸。如此的話，你們可以相處得很愉快。

應該說是穩重的愛情嗎？你們似乎太過嚴肅些，當然，這樣並非不好，但何不偶而輕鬆點，嚐試去突破呢？

若是單相思的話，最好找個機會向對方表示。

用一帆風順來形容你倆是最適當的形容詞。

你倆可以直趨目標，實在看不出有任何足以阻礙你倆的因素。

但願你倆通力合作，更往前邁進。

不受干擾單獨相處的時間，對於你倆愛情的發展是非常重要的。努力騰出這樣的時間是有必要的

。

不可畏縮，只要積極地努力，你倆的愛情便可逐漸發展……。

「愛情萬歲」，你倆都想如此歡呼。

你倆甚至可以開始商量有關婚禮的細節了。

然而，可別忘了跟家人或親戚商量……。

偶而爭吵也無所謂，因爲隨卽可以言歸和好……。

是的，爭吵時別忘了給對方留些餘地，如此的話，爭吵也像遊戲一般了。

然而，無論任何事切莫這樣，適可而止……。

愛情切忌精打細算。原應相親相愛的兩個人會因此而糟蹋了愛情，實在令人遺憾。

彼此互信、總是想爲對方效勞，如此一定可以相處愉快。

當然，這些你們都知

道了……。

往好的方面說，可以說是理性的愛情。你們似乎太過介意周圍的反應。

人與人之間的確以人和爲貴，但似乎也有必要把自己的愛情看得更重要，好好珍惜、好好培養。

應該說是怯懦呢？還是畏縮呢？關於你們的愛情，你們周圍的人似乎比你們更着急。

別讓他人爲你們擔心

，應該更勇敢、更積極地去面對愛情。

偶而也有必要稍微離遠一點，互相觀望，再度確認對方的優點、缺點等。

如果失去新鮮感，可能會從冷漠而產生裂痕。

請留意好不容易才建立起來的愛情，並提防著別因小小的缺點而發生裂痕。

相愛的兩個人當然必須互相是很好的知音。

因此，彼此要了解對方的心意。如果雙方我行我素的話，實在不可能了解對方。

有必要站在對方的立場解決問題時，兩個人必須認眞的面對它。

如此即可加强你倆的愛。

應該說是圓滿的愛情，跟周圍的人也都平順，實在是一對很順利的情侶。即使以後建立家庭，也會順利圓滿。

即使發生某種問題，只要兩個人同心協力，當可立即獲得解決。

繼續維持下去吧！

最近可能遭遇意想不到的問題。

然而，千萬不要慌張。處理事情時最須要的是冷靜、鎭定。

只要鎭定，必可找出好的解決方法。

眞是熱情的戀愛。

「熱情」當然好，一些零零碎碎的小事也都被你們的熱情一掃而空。

然而，有一點必須注意的是，可別因太過熱情洋溢而給別人添麻煩。

因爲兩人相愛而招來別人的反感，可就太遺憾了……。

你們兩位當中似乎有一位比較容易吃醋。

太過容易吃醋，對對方而言也是一種負擔。適當的香辛料使得料理更加可口，但是放太多的話，整盤菜都糟蹋掉了。

適可而止就可以了……。

♥♦♠♠

似乎有引起蜚長流短的可能。

任何事均可泰然處之，這當然好，但如果自己也捲入其中的話，那就很麻煩了。

此時，如要加以超越，就只有信任對方了。

信賴對方豈不就是愛

的鐵則？

「覆水難收」，即使只是起因於芝蔴小事，可是一旦發生裂痕，要恢復過來，勢必要相當大的努力。

與其事後反悔，倒不如付出週到的心思與顧慮。

你倆追求理想的愛情，在任何人看來都是無可挑剔的一對。

然而，正因如此，反面卻不無冷漠之感，在旁人看來，毫無插手的餘地，給人這樣的印象是不智的。

周圍的人都有意幫你們，千萬別辜負了人家的好意……。

可能出現强勁的對手。

此時如果凡事謹慎、固步自封，那麼意中人恐怕會被搶走。

在衣着、言談等方面似乎對手較强，然而，切莫因此而怯懦。

應該說是對話少呢？還是交談不夠呢？似乎有產生誤會的傾向。

因此，即使出自好意做的事，但卻沒把意思傳達給對方，以致造成對方的誤解，甚至發生糾紛，如此一來，對兩個人都不好。

即使再小的事，也應該說明白，促進了解。

♣♣♦♦

貫徹自己的主張，當然是好的。

然而，情侶之間太過堅持己見，也許有待商榷。

有時也有必要委曲自己，跟對方妥協，如此才算懂事吧！

然而，這跟圓滑又是兩回事。

♣♣♦♠

培養共同的興趣似乎很好。

如此的話，一則不缺話題，甚至也可意外地發現對方的優點。

至於培養何種興趣呢？就由你倆自己去商量了。不要短期性的，最好是能夠持久的。

似乎有一方個性比較強。

如此下去的話，婚後恐怕會變成典型的大男人或丈夫、或者典型的懼內丈夫。

多多了解對方，互相關懷，互相體諒是很重要的。

應該說是八面玲瓏嗎？你倆當中似乎有一位有這樣的傾向。

對別人好固然好，但別忘了情侶之間很容易因此爭風吃醋。

長久下去的話，兩人之間難免會發生誤會。

交往情形似乎有點平淡。

偶而來點刺激是有必要的。

例如旅行等，在一個跟平常不同的地點重新看對方是很好的。

如果兩個人單獨旅行不方便的話，不妨邀請其他朋友參加。

♣♦♠♠

你倆，對於愛情的進展似乎有點急躁。

戀愛切忌急躁，實際上，急躁根本無濟於事。

彼此努力培養愛情，若能如此，一定有開花結果的一天。

親人或周遭的人當中似乎有人阻撓你們的愛情。

然而，如果你們是真心相愛的話，切莫受人阻撓。

無論任何阻礙，必定有超越的方法，但願你倆通力合作，加以超越。

♦♦♦♦

你倆已陶醉在無上的喜悅中。

在你倆的眼中，一切都是粉紅色的。

可以開始籌備結婚事宜了。

許多人正在等待你們的好消息。

你倆對於愛情的看法似乎有相當大的差異。

例如一方非常認眞，視爲極其嚴肅，另一方卽使未將它當做遊戲，至少也看得很輕鬆……。

如此下去的話，遲早會發生衝突的。

何不趁早溝通呢？

男方忠厚老實，女方溫柔可愛。

如此的一對情人永遠不會失去新鮮感。

當然，這必須建立在互相的了解上……。

如果你們缺乏此種要素，那就須要多多努力，以成爲如此的一對情侶。

你倆當中似乎有一方正面臨第三者强烈的誘惑。

只要稍存愛意，很容易就移情別戀。

然而，如果想繼續發展你們的愛情，千萬不可敗給誘惑。

未來一定成爲你倆發生裂痕的原因。

不要一味地妥協，也不要隨便心灰意冷。

請你仔細地檢討一下，彼此的行爲是否忠於彼此的心意呢？

不要欺騙自己。

你倆的愛情未來有着各種障礙，當超越這些障礙時，正足以證明你們的愛情經得起考驗。

那麼依四張牌的符號對照了之後，請把其他覆蓋的牌掀開務必上下對齊。從翻開的牌之中，依照A、K、Q、J、10、9、8、7、6、5、4、3、2的順序，男女各一邊，選出最大的牌。

若出現兩張不同種類且最大的牌時，同時使用，三張以上亦同。然後判斷依據如下：

紅桃種類時——家庭、親戚

黑梅種類時——工作關係、同學、周遭之人

紅磚種類時——經濟關係

黑桃種類時——健康關係

這些人物或是狀態對於二人愛情的發展大有幫助，相反地，牌呈反位時，可能會有障礙和妨害，須注意防範。

例如，女方最大的牌是紅桃正位時，她的家庭、親戚朋友，會很樂意地協助她發展愛情。

情人占卜

前面是「愛情占卜」，此地則是「情人占卜」，因爲「愛情占卜」是給目前正在戀愛的人所用的占卜，而「情人占卜」，則是給目前尚無情人或想知道近期內是否有情人出現的人所用的占卜。

●方法

①　非常單純，是最簡單的占卜。

首先須要決定你與對方的牌，如果你是男性，則以紅桃十三（K）做爲你的牌，若是女性則用紅桃十二（Q）。

至於對方的牌，正好相反。也就是說，如果你是男性，則對方的牌是紅桃十二；如果你是女性，則對方的牌是紅桃十三。

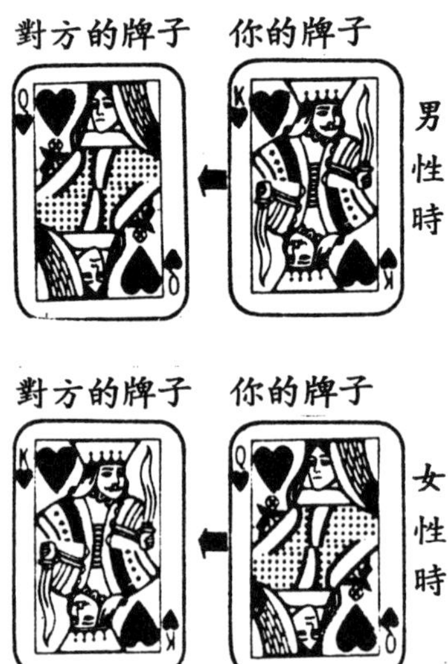

②把你的牌找出來，將剩下的五十一張牌（當然包括對方的牌）仔細洗牌並切牌。

③把全部的牌反過來，拿在左手，右手則順序從上面一張張地拿，不要看牌面，①、②、①、②交互地擺成兩堆。

最後一張不管①也好②也好，隨便你放在喜歡的一堆。

④以下是決定的時刻了。將你喜歡的那一堆拿起來。

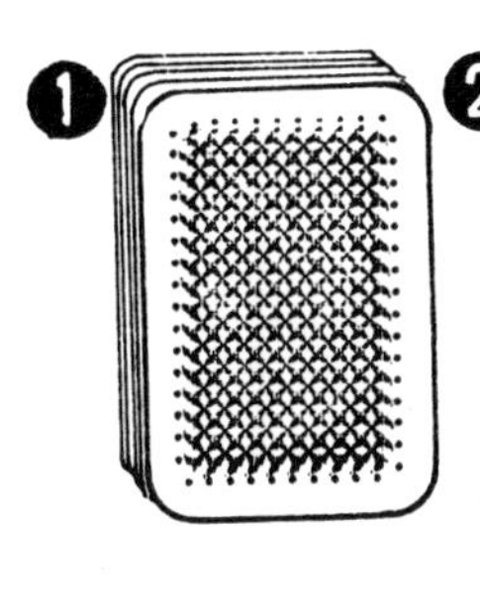

把你的牌插入（反面插入）。再度隨興之所至攪和洗牌。

⑤從上面起一張張地翻開，你的牌當然會出現，而對方的牌呢？

⑥●如果沒找到對方的牌——很遺憾，短期內恐怕沒有情人出現。

●如果找到對方的牌——可能有情人出現。

▲你的牌跟對方的牌，中間隔幾張牌呢？——張數越少則出現的機會越早。

▲你的牌與對方的牌，何者先出現呢？——先出現的牌代表該人採取主動而兩人終於成爲情侶。

撲克牌的單人遊戲稱爲（ Solo ）或（ Solitaire ），當夜深人靜時，邊想着戀人或想著願望，而做着單人占卜，也是一大樂趣。

玆將若干最具代表性的占卜法介紹如下：

金字塔 Pyramid

●占法

①拿去小丑牌，剩下的五十二張仔細洗牌。

②反面拿著牌，從最上面的牌（ Top Cand ）開始。依順序一邊掀開一邊排列，排成一

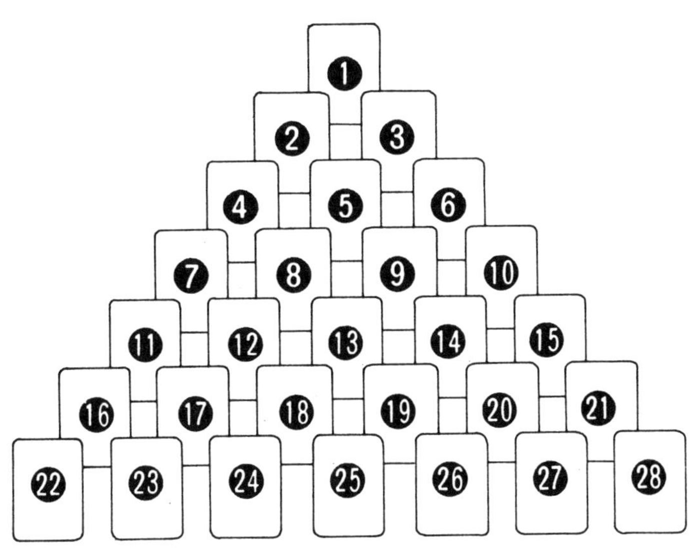
1
2
3
4
5
6
7
8
9
10
11
12
13
14
15
16
17
18
19
20
21
22
23
24
25
26
27
28

個共有二十八張牌的金字塔。

剩下的牌以後做爲手牌使用，所以不用洗牌，原封不動地拿著。

玆以實例解說，金字塔如左。

③ 用此法卜算，A爲1、2至10則按照牌面的數字、Q是12、K是13。方法是把一張或二張加起來爲13的牌拿掉，如K，A與Q、2與J、3與10、4與9、5與8、6與7，使得最後剩下來的牌越少越好。

凡是有一張牌壓在上面，則該樸克牌不可拿掉。

以下按照圖例做看看。

④ 排完之後，卜一階段則把可以拿掉的牌拿掉（拿掉的牌擺在左上方）。首先拿去◆7與♠6、◆K。結果，◆10與♥3也可拿掉。

⑤ 其次翻開留下來的手牌，凡是加起來爲13的牌則拿掉。

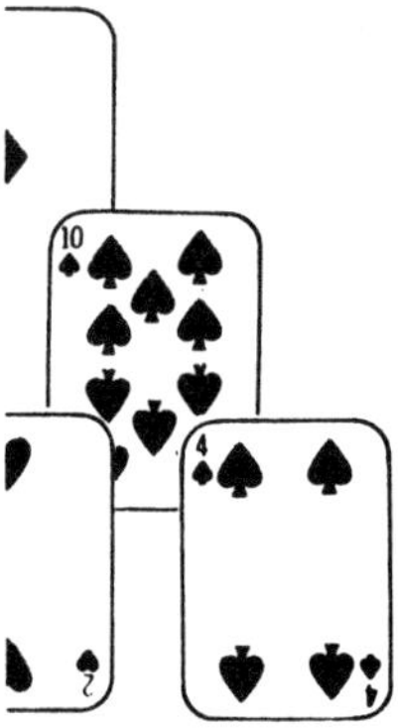

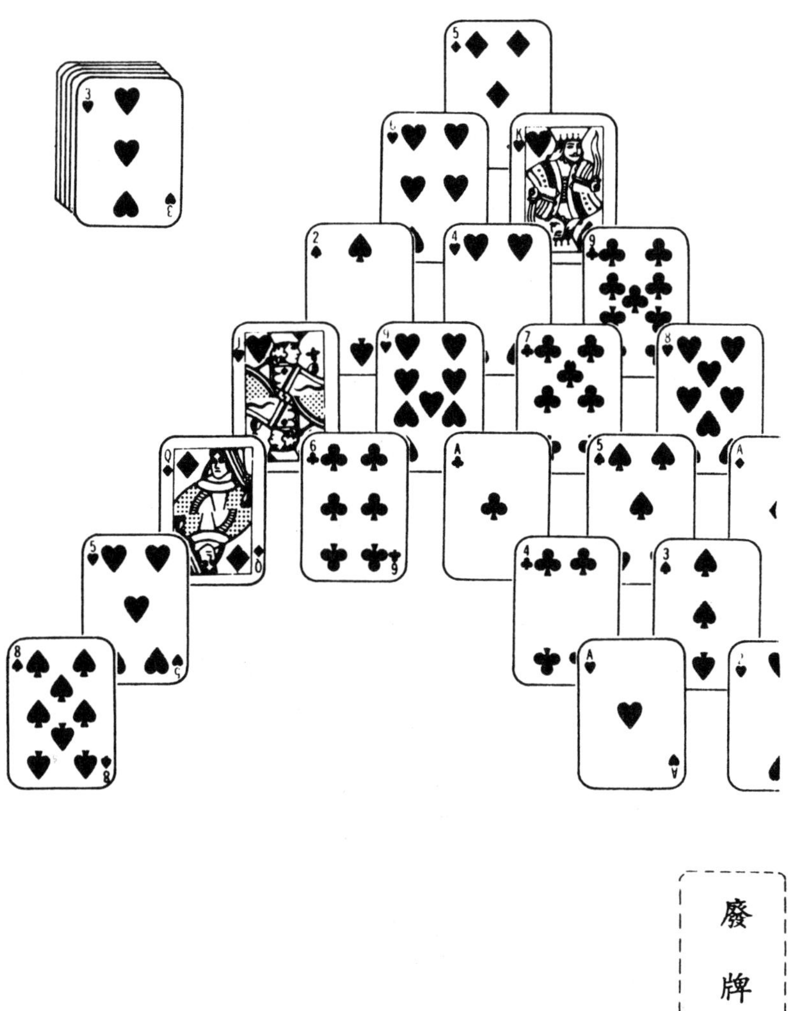

廢牌

不能用的手牌當做廢牌，集中在一處。手牌最上面的第一張是有效牌。

拿掉的牌不能再用。

爲了參考起見，以下按照實例做。

翻手牌，第一張是♥7，跟圖中之♣6一起拿掉。

其順序如下：♣10（廢牌）、♠K（拿掉）、♠J（與♥2拿掉）、♣K（拿掉）、♣2（廢）、♦9（與♠4拿掉）、♠A（廢）、♦6（廢）、♣5（與♠8拿掉）、♠Q（與♥A拿掉）、此時，♠10與♠3可拿掉，♥10（廢）、♥12（與♦A拿掉）、♣8（與♥5拿掉）、♠7（廢）、♦4（廢）、♦3（廢）、♣J（廢）、♠3（廢）、♠9（與♥4拿掉），此時♦Q與♣A可拿掉。♦2（與♥J拿掉）、♦J（廢）、♣Q（廢）、♦8（與♠5拿掉）。

至此，手牌全部用完。

⑥ 在此占卜下，廢牌可再使用一次。

把廢牌全部拿起來，翻過來做爲手牌。但不可洗牌。

♣10（廢）、♣2（廢）、♠A（廢）、♦6（與♣7拿掉）、♥10（廢）、♠7（廢）♦4（與♥9拿掉）、♦3（廢）、♣J（與♠2拿掉）、♣3（廢）、♦J（廢）、♣Q（廢）。

最後如圖剩下六張牌。

卜算願望時，如能把整個金字塔都拿掉，即爲大吉。否則，剩下的牌越少越好。

如果剩餘的牌超過一半，也就是二十八張牌的一半十四張，那麼可說希望相當渺茫。

時鐘 Clock

●占法

① 把五十二張牌仔細洗牌。

② 從時鐘一時的位置開始排牌（背面），直到十二時的位置，其次在中央放一張。重覆四次，至全部的撲克牌都排完。

③ 取出中央最下面一張牌、掀開。如果取出的牌是3，須將那張牌放在三時位置的撲克牌上方（正面），然後取出最下面一張撲克牌。

若是7則擺在7時的位置，餘此類推。A是1、J是11、Q是12。

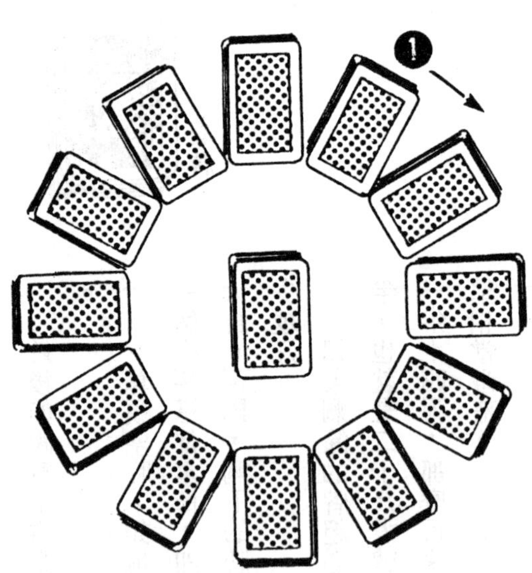

如果出現K則擺在中央。
如果四張K均出現卽告結束。
④ 數一數覆蓋的次數。
以0最佳，亦卽剩下的張數越少越好。

重疊 Accordion

●占法

① 把五十二張牌仔細洗牌。

② 反面拿着牌，從第一張牌（Top Cand）開始，邊翻邊向右排列。

③ 此時緊鄰或隔二張有同種牌（數值無關），例如紅桃與紅桃、黑梅與黑梅、抑或數值相同的牌，例如3與3、K與K，可重疊於左邊那張牌上面。

＜例＞

(ㄅ)如圖♦2的隔壁是♣8，再隔壁是♣5。由於♣與♣緊鄰，故可將♣5重疊至♣8上面。

(ㄆ)其次♠K、♥10、♣2排在一起。黑梅與黑梅中間隔二張牌，故可將♣2疊在♣5上面。

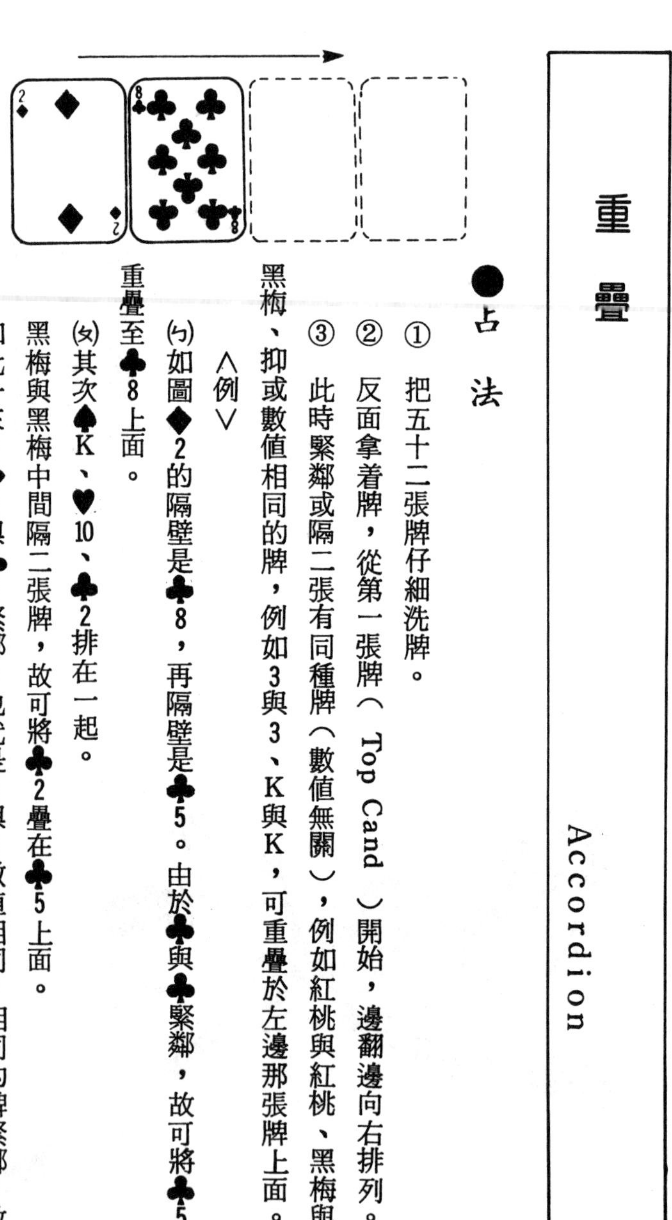

如此一來，♦2與♣2緊鄰，也就是2與2數值相同，相同的牌緊鄰，故

將♣2整堆疊在♦2上面。

空出來的空位則將牌順序向左靠攏塡補。

如此這樣地把手上的牌全部排完，但此項占卜法須要若干技巧。

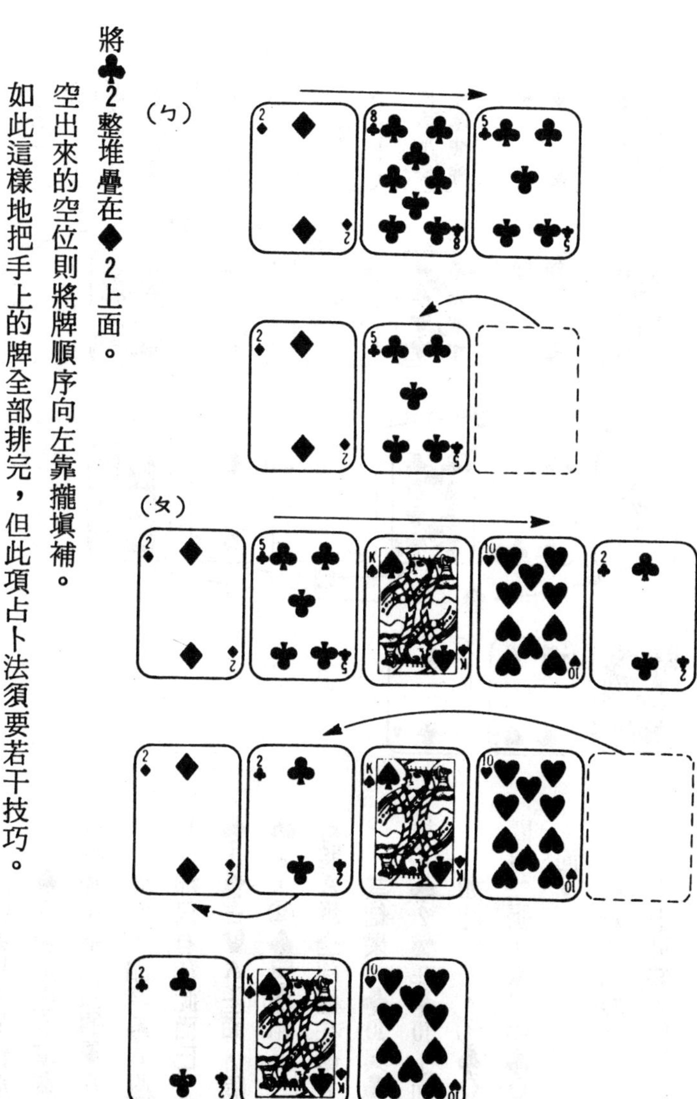

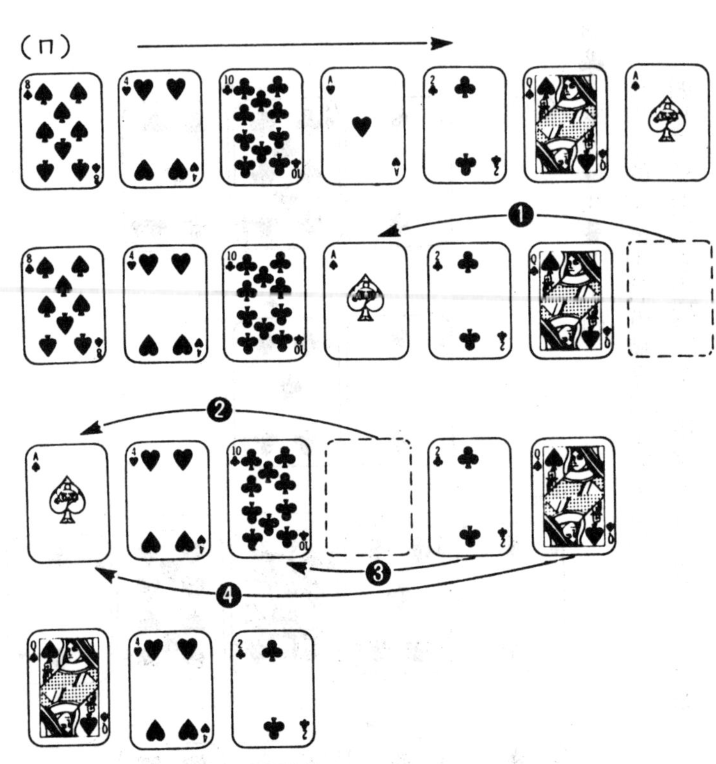

(ㄇ)例如以下的情形：

♠A即可疊在緊鄰的♠Q，也可疊在空二張的♥A。

然而，如將♠A疊在♠Q上面，卻只有如此而已；但如①將♠A疊在♥A上面，隔二張又有♠8，②♠與♠相隔二張牌，故可將A堆全部疊在♠8上面。

其結果，♣10與♣2緊鄰，故③♣2疊在♣10上面。

如此一來，④♠Q與♠A中間隔二張，故可將♠Q疊在♠A上面。

只剩下三堆。

由上可知，只因一個疊法的

不同，堆數完全改變，所以做時要仔細考慮。

此項占卜法最後只剩一堆爲最佳，亦即堆數越少越好。

克侖代克 Klondike

自古卽享有盛名的占卜。

●占法

①將五十二張牌仔細地洗牌，並切牌。

②反面拿着牌，把第一張牌（最上面的牌）掀開，擺在圖①的位置。

③從②至⑦各排一張（反面）。

④其次，在②的略下方擺一張牌（正面），③至⑦再各擺一張（反面）。

⑤餘此類推，第一張掀開（正面），其次反面向右排，直到最後⑦的位置擺一張正面的牌爲止，總共擺二十八張牌。

⑥剩下的二十四張做爲手牌使用，但不要洗牌、原封不動地拿在手中。

⑦其次邊整理邊排列，但必須遵照以下的規則。

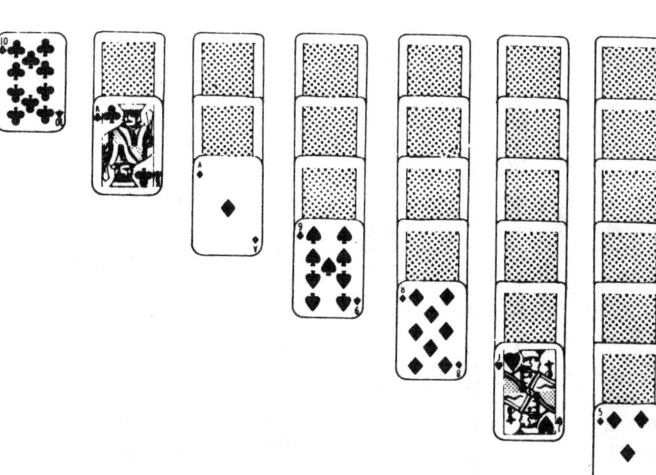

(ㄅ)　不論排列的牌或手牌，凡是出現A，就排在最上方，這是爲了將同種牌（紅磚、黑梅、紅桃、黑桃）按照順序，如2、3……K重疊在上面。

最後如有四堆A、2、3……K即告完成。

(ㄆ)　排列的牌下面可接少一個數的牌，所謂少一個數，如K的下面是Q，7的下面是6，4的下面是3，這跟種類無關。

然而，雖跟種類無關，必須是紅（紅磚、紅桃）與黑（黑梅、黑桃）相間。

(ㄇ)　所謂可接的牌指的是排列的牌當中掀

開的牌（正面），翻開的手牌，廢牌的最上面一張（反面拿着手牌，一次翻一張，不用時卽重疊於一處做爲廢牌）。

(ㄷ) 移動排列的牌當中掀開的牌時，若有數張重疊時，便將那些牌全部移動。當然不可以從中間分開移動。＜重疊在A上面時則無妨＞

(ㄉ) 移動的結果，若該行沒有掀開的牌時，則將最下面的一張牌掀開。

(ㄊ) ①至⑦的位置，移動的結果，完全沒有牌的空行可以擺K。

以下按照剛才所分配的牌實際做看看。

● 首先將♦A擺在最上面。

● ♣10接在♥J的下面。

● ♦8接在♠9的下面（♠9不能接在♣10的下面，因同樣是黑色）。

● ♣10原來的位置沒有牌，故可將♣K移至該位置。

整理的結果如下。

標在箭頭的牌，因該行沒有掀開的牌，故可掀開。

把箭頭的牌掀開，再度移動時，必須遵照規則。

當排列的牌無法移動時，則翻開一張手牌。

如出現A則擺在上方，如出現2、3……等同種的牌，則依順序重疊上去。

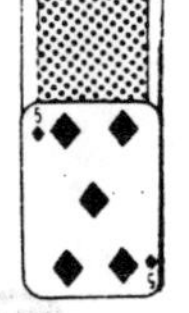

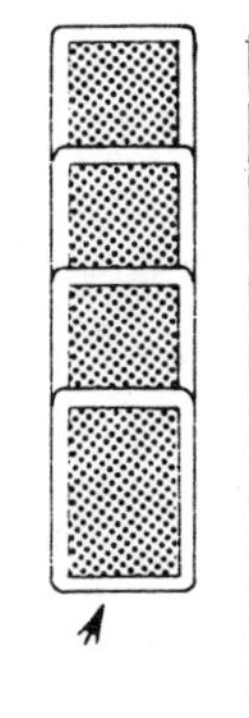

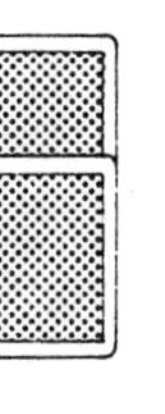

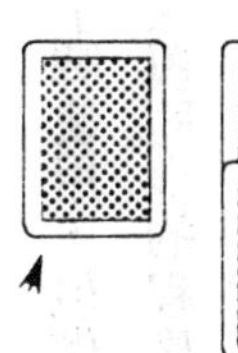

廢牌

排列的排如有可重疊的牌，當然可重疊上去。結果如在其他牌可移動，則加以移動，並將最下面覆蓋的牌掀開。

當手牌全部用完時，廢牌尚可做爲手牌使用，但僅限用一次。此時不可洗牌。全部反面拿着，翻開最上面一張，反覆同樣的程序。

八張牌

Quadrill

別名又叫「被捕的女王」，適合做爲愛情占卜。

●占　法

① 方法非常簡單，首先從一副牌當中的5與6全部找出來，如圖加以排列。

② 剩餘的牌則仔細洗牌，反面拿着，一次翻開一張。

③ 同種的5上面放4—3—2—A—K。6上面放7—8—9—10—J。

④ 如果出現Q則如圖擺在中央（卽使四

張Q均出現，照樣可以繼續進行）。

⑤　不能用的牌則做爲廢牌，掀開重疊於一處。廢牌的最上面一張是可用的牌，所以翻手牌時，也要一邊留意廢牌。

⑥　當手牌全部翻完之後，廢牌尚可再用一次。此時不可洗牌，按照原來的順序翻過來使用。

結果，倘若全部的牌均可重疊起來最佳，否則則以剩餘的牌越少越好。

塡補

Gaqs

●占法

① 五十二張牌仔細洗牌，並切牌。

② 全部反面拿着，從第一張開始翻，從左至右十三張排一列，共排四列。

③ 排定之後，把四張A拿掉。

以上是第一階段。

④ 四張A拿掉之後，分別留下「空位」。

把跟空位左邊的牌同種且大一個數的牌拿到空位，例如空位左邊的牌是紅磚5，則將紅磚6拿到空位。

⑤ 如此一來，紅磚6原來的位置變成空位，該空位左邊的牌，假設是黑梅J，則將同種且大一個數的牌，也就是黑梅Q拿到空位。如此地，陸續留下空位，陸續更動牌。

⑥ 當名列最左端的位置變成空位時，則可將[2]擺在該空位。此時任何種類的[2]均無妨。此

項占卜從左端的[2]開始，各列均能按照順序向右排出3、4、5……K時，即完成了。

因此，把[2]拿到左端時，須要仔細考慮。

蒙地卡羅

Monte Carlo

●占法

①五十二張牌仔細洗牌，並切牌。

②反面拿着牌，從第一張起一張張地掀開，由左向右五張牌排成一列，總共排五列共十二張。剩餘的牌做爲手牌。

③縱、橫、斜相接的牌若有同數值牌，則拿掉。

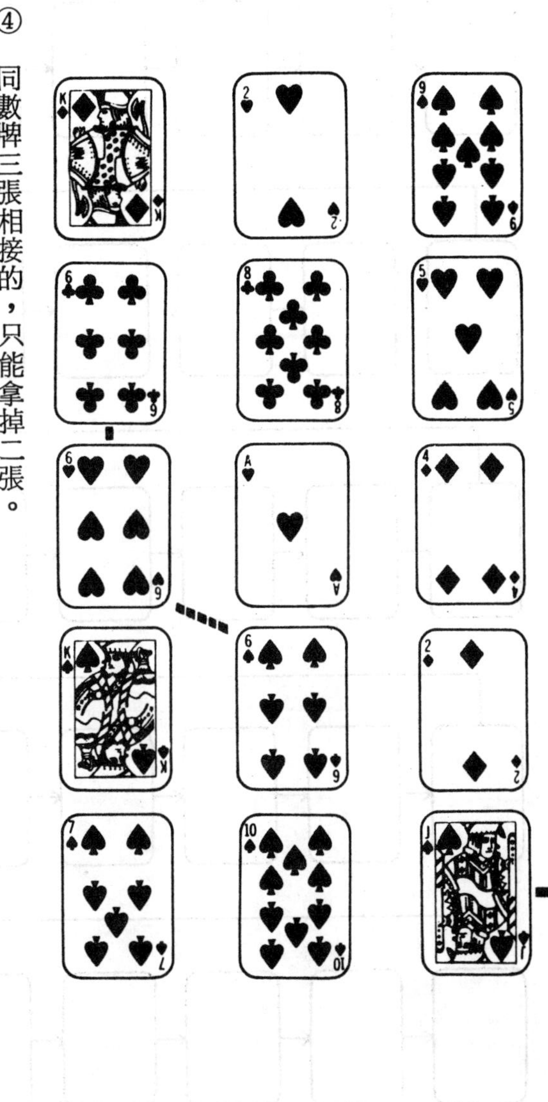

④　同數牌三張相接的，只能拿掉二張。

⑤　茲以右圖爲例做說明。縱、橫、斜相接同數的牌拿掉。

♣Q與♦Q、♠J與♣J，都拿掉，這是沒有問題的。

至於♥6，可跟♣6一起拿掉，也可跟♠6一起拿掉（一次不能拿掉三張，只能拿掉二張）。

同數值的牌拿掉之後，則將排列的牌如圖之順序向上補位，並將手牌補在空的位置，使之再度保持二十五張。

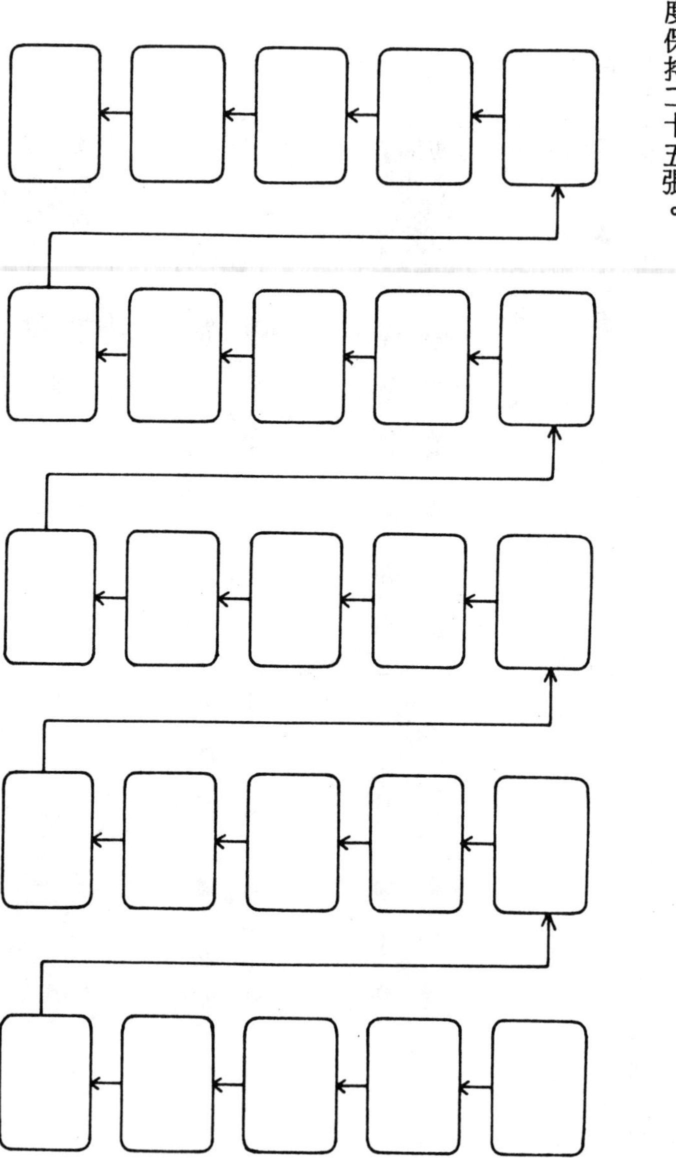

拿掉♥6與♠6。

拿掉之後，整理如右圖，虛線的部位則補上手牌。

拿掉♥6與♣6。

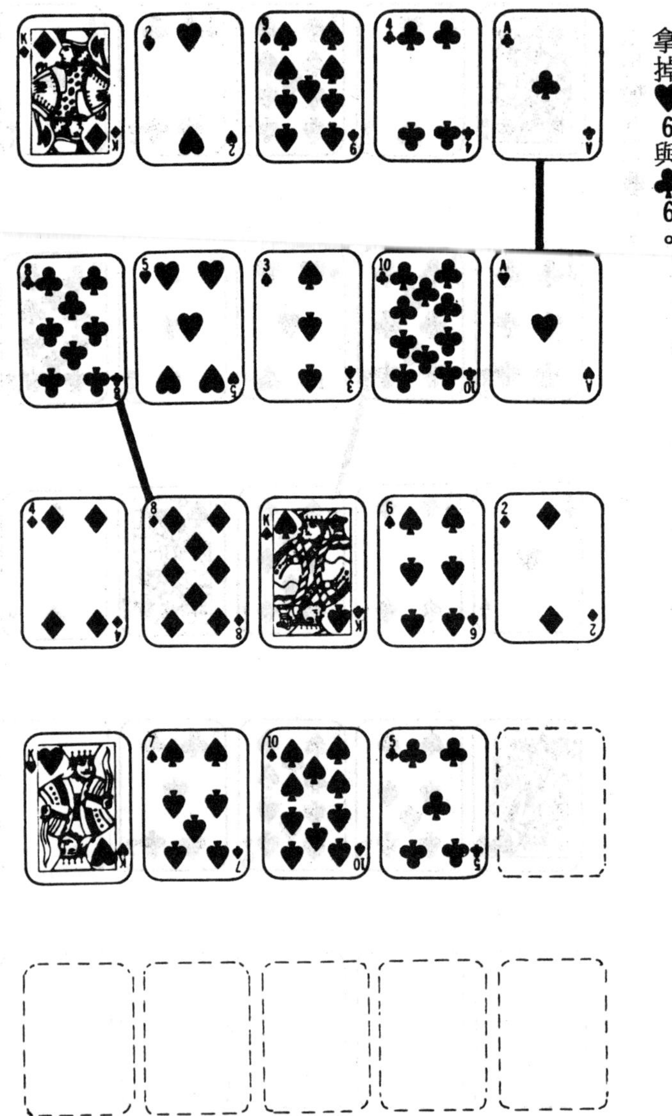

結果如前圖。究竟拿掉哪一張牌，應該仔細考慮之後始爲之。

⑥ 將牌往上補位，用手牌塡補下面的空位後，再重覆做上述的方法。

如此繼續做到手牌用完，最後當沒有牌可拿掉時卽告結束。排列的牌全部拿掉，當然最好，否則以剩下的牌越少越好，願望越可能實現。

天蠍

Scorpion

占法

① 五十二張牌仔細地洗牌、並切牌。

② 反面拿着牌，如圖四張反面向右排列。第五張、第六張、第七張則正面排列。

以上是第一排。

③ 第二排、第三排也一樣。四張反面，五～七張正面。

第四排至第七排則全部正面排列。

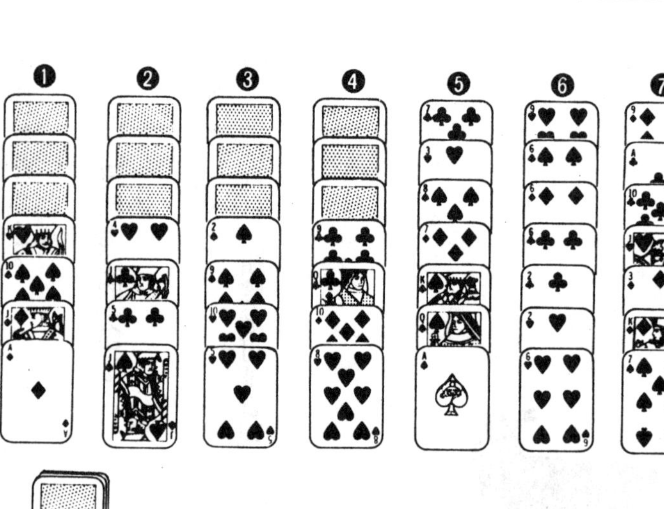

④ 如此總共排列四十九張牌，手中還剩下三張牌。三張牌做爲手牌，以後還用得着，將反面重疊擺在一起。

⑤ 目的是製造四組同種的牌，K上面放Q，再放J，一直放到A。各列最下面的牌（上面沒有牌重疊），可將同種類小一個數的牌移到上面。此時，凡是重疊在該移動牌的上面的牌，必須全部移動，玆以圖例來做說明。

從左開始整理，首先可將第一行的♠10、◆J、◆A移至第二行的♠J下面。第二行的♥4、♣J、♣5、♠J，再加上剛才重疊上去的♠10、◆J、◆A，可全部移至第三行的♥5上面。

第三行的♥5至◆A可移至第六行的♥6上面。

第六行的♠6以上全部移至第七行♠7上面。

結果，第六行的♥9可移至第三行的♥10上面。

如此一來，第六行沒有牌，凡是空行則可將任何喜歡的K（如果K上面有其他的牌重疊則全部）移過去。

第一行的♥K移至第六行。

第四行的♥8移至第三行的♥9。

第七行的◆9以下全部移至第四行的◆10上面。

如此一來，第一行、第二行反面的牌上面沒有牌，故將反面的牌掀開。

再者，第七行變成空行，可將K及其以下的牌全部移過去。

⑥　如此移動之後，尚無法移動時，則將三張手牌掀開，從第一行排至第三行。

不可將任何牌移至A上面。

如能製造四組K至A則為大吉。

五堆

Five Piles

●占法

① 五十二張牌仔細地洗牌，並切牌。全部反面拿著，如圖由左向右排五張正面的牌。剩餘的牌做爲手牌使用，不要洗牌，原封不動地拿着。兩端畫虛線的部份以後將擺最後二張手牌，故要預先留下。

②觀看五張正面的牌，K單獨一張，其他的牌凡是加起來爲13的牌則拿掉。跟種類（紅磚、黑梅、紅桃、黑桃）無關。再者，J當做11，Q當做12。因此，二張加起來13的牌，即爲Q與A、J與2、10與3、9與4、8與5、7與6的組合。

③ 按照圖例做，拿掉♥K，♠6與♦7。

④　將手牌一張張掀開，分別擺於圖①至圖⑤處。

再度將加起來13的牌拿掉。如有重疊的牌，上面的牌拿掉之後，下面的牌卽可使用。如果沒有可拿掉的牌，再度將手牌掀開排列。

⑤　如此反覆下去，最後手邊只剩二張牌。

這兩張牌掀開擺在圖中虛線的位置（五堆之兩端），可繼續進行。

剩下的牌越少越好，願望達成的可能性越大。

皇家婚姻

Poyal Marriage

別名又叫〈Betrothal〉（婚約），〈Matrimony〉（婚姻），用來占紅桃K與紅桃Q能否在一起，很適合用來卜算「愛情」。

●占法

① 首先從五十二張牌當中找出紅桃的K與Q，另置一處。剩餘的五十張牌則仔細地洗牌。

② 洗好牌，全部反面拿著。將♥Q正面排列、♥K則擺在手牌的最後一張。亦卽當我們一張張地翻手牌時，♥K將最後出現。

③ 一張張翻開手牌，如圖排在♥Q的右邊。此時如有同種或同數的牌夾一張或二張牌時，則可將該被夾的一張或二張牌拿掉。拿掉之後，則將右邊的牌順序向右移動填滿。

結果，如有同種或同數的牌夾住一張或二張牌時，則將該被夾的牌拿掉。

茲以圖例說明。

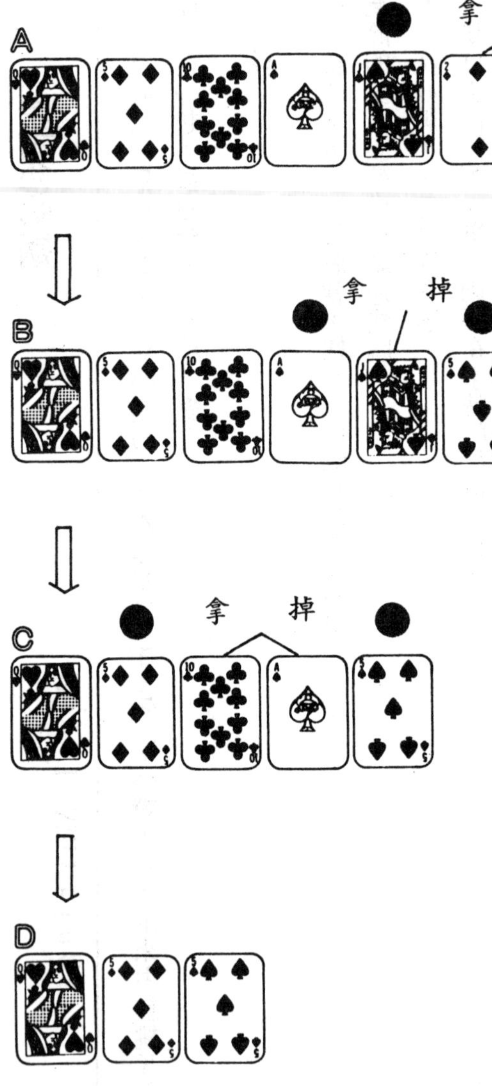

④ (A)沒有可拿的牌，故一直排至♠5。

此時，♠J與♠5同種牌夾二張牌，故可拿掉中間的♦2與♥10。

(B) 空位則由♠5補位，此時♠A與♠5夾住♠J，故可拿掉中間的♠J。

(C) 再補位，♦5與♠5同數牌夾二張牌，故可拿掉中間的♣10與♠A。

(D) 如此一來，原來八張牌減爲三張牌。

如果其次再排列的牌是♥或某種Q，則中間的♦與♠也可拿掉。

⑤ 依此類推，繼續做到最後的♥K。

如能將全部的牌都拿掉，最後只剩♥Q與K，那麼你的愛情占卜的結果是大吉。

如果♥Q與K中間有牌，張數當然是愈少愈好。

相反的，剩餘的牌越多則兩人的愛情各色各式，阻礙也多。

數數看

Hit or Miss

此法非常簡單，但卻頗費時間。

●占法

① 五十二張牌仔細地洗牌。

② 洗完之後，全部反面拿在左手。

③ 用右手一張張掀開左手的牌，一邊數着1、2、3、4……。

此時，如果口中唸的數正好跟樸克牌的數（跟種類無關）一致的話，則將該張樸克牌拿掉，另置一處。

J是11、Q是12、K是13。

拿掉一致的牌時，仍繼續剛才的計數。

數至13則再度從一開始。

④當左手的牌全部數完時，則將不一致的牌全部拾起來，不要洗牌，反過來拿。

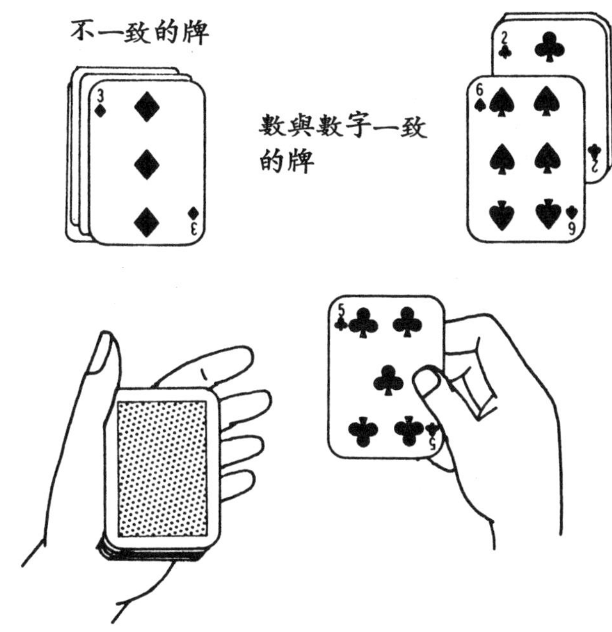

⑤ 第一次數到13正好左手的牌也數完，故第二次從1開始數。

至於第二次以下，雖然不知數至若干而左手的牌全部數完了，但下一次則繼續上一次的計數（例如上一次數到5結束，則下一次從6開始）。

其餘依此類推。

⑥ 如果計數跟撲克牌的數字沒有一張一致，次數連續發生二次，就結束此占卜。

當然，不一致的牌越少則占卜越吉。

找大牌

Aces up

卜算四張A最後能否排在一起。

●占　法

①　五十二張牌仔細地洗牌。

②　洗完，全部反面拿在左手。

③　從上面開始牌一張張地掀開，排在如圖①至④的位置。

④　同種牌（紅磚、黑梅、紅桃、黑桃）較少者可拿掉。

此占卜法中，A比K大。

⑤　如果沒有可拿掉的牌，則再排四張牌在①至④的位置。

各行最上面的牌是有效牌，因此拿掉一張牌之後，下面的牌就變成有效了。

⑥　拿掉牌的結果若出現空行時，可將任何一行的最上面的牌拿過來。

此時應該仔細地考慮下面出現的牌，以便儘可能拿掉更多的牌。茲以圖例做具體的說明。

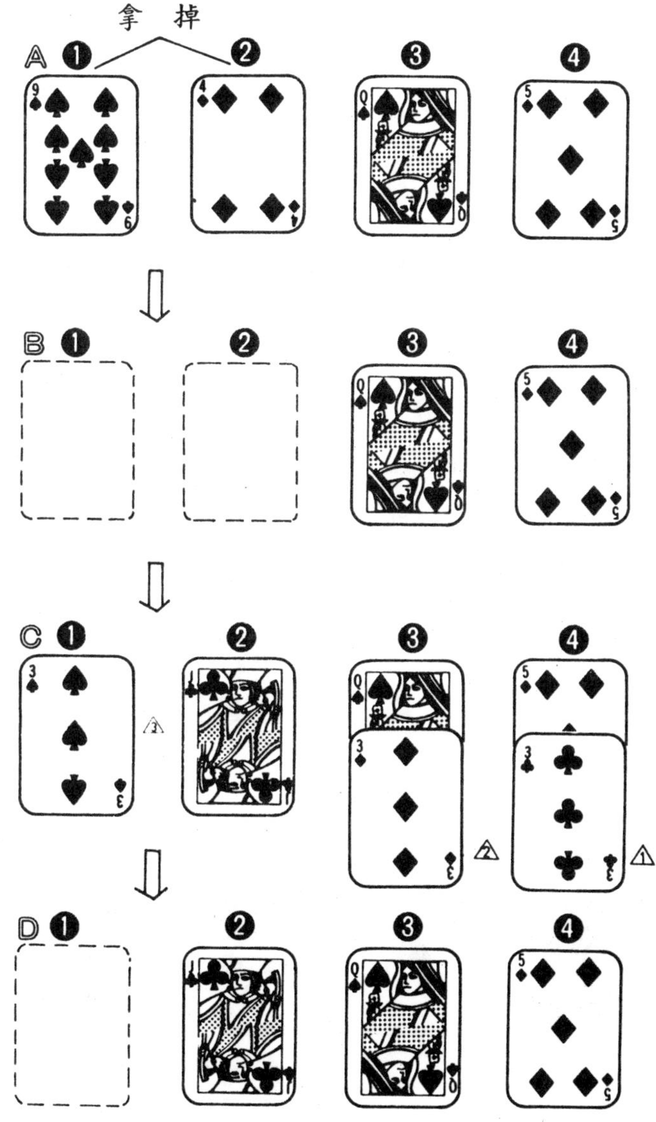
拿 掉
A
B
C
D

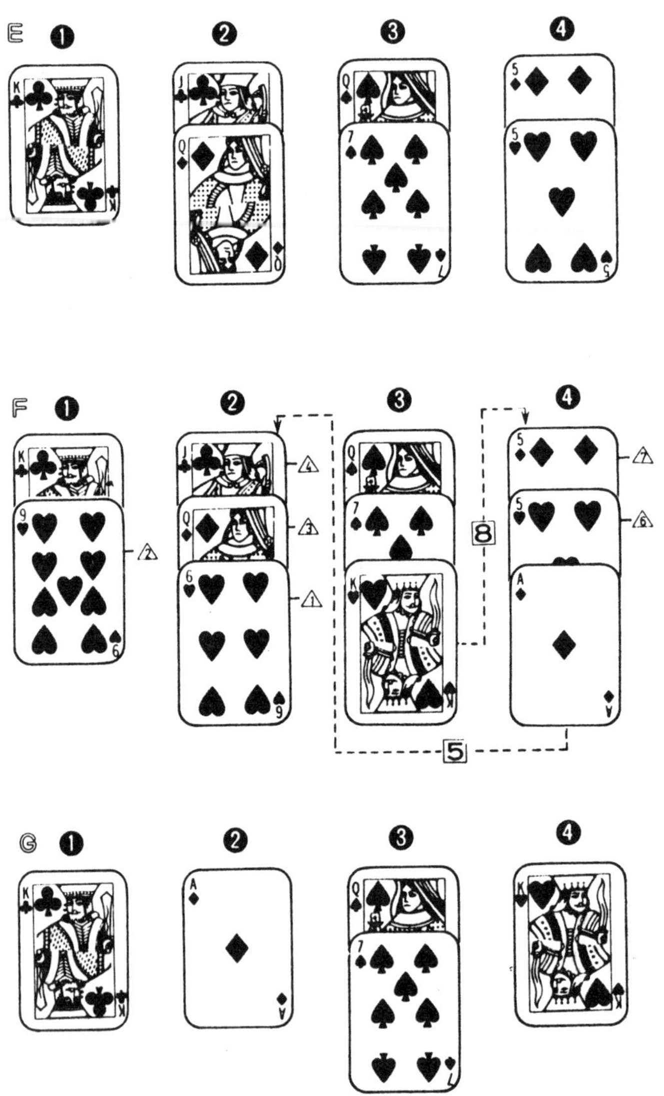
E
F
8
5
G

⑦(A) 首先把左手的牌一張張掀開，分別排在①至④的位置。♠Q與♠9同種，故拿掉較小的♠9。

同樣地，◆5與◆4同種，故拿掉較小的◆4。

(B) 結果①與②變成空行。

(C) 再度從左手掀開四張牌，排在①至④的位置。

⚠1首先是♣J與♣3，拿掉♣3。⚠2結果出現◆5，◆5與◆3比較，拿掉◆3。⚠3拿掉◆3，故♠Q變成有效，因而拿掉♠3。

(D) 結果如此。

(E) 再從左手的牌排四張，但沒有一張同種牌，故無法拿掉。

(F) 再排四張。

⚠1首先拿掉♥6。⚠2拿掉♥9。⚠3拿掉◆Q。⚠4結果拿掉♣J。

5此時②變成空行，故將◆A移過來。

⚠6如此一來，拿掉♥5。⚠7再拿掉◆5。8④變成空行，故將♥K移過來。

(G) 結果如此。

⑧ 依此類推，繼續做到左手的牌全部用完。

最後如果①至④的位置均爲A，則占卜爲大吉。

河內之塔

Tower of Hanoy

●占法

①從一副撲克牌，紅桃、黑梅、紅磚、黑桃四種當中任選一種的A至9，其他的牌不用。

②九張牌仔細地洗牌，如圖由左向右排列，一列三張，排三列，縱橫各三張，總共九張。

③目的是按照9、8、7、6、5、4、3、2、A的順序排成一行，但必須按照以下的規則。

④(A)　一次只能移動一張，例如：即使[2][A]連在一起，也不能一次移動二張。

(B)　只能移動直行的最下面一張。

即使想移動中間的牌，也不能貿然移動，必須操作至該張牌以下的牌，而使該張牌變成

該行的最後一張。

(C) 把一行最下面的牌移至別行的最下面，移動的牌只能移至數值比它更大的牌下方。因此，A是最小的數，其他沒有任何一張牌能夠移至A的下方。

(D) 三行之中只要有一行變成空行，即可將其他二行任何一行最下面的牌移至該行。

如何善用空行即爲訣竅所在。

茲以圖例實際說明如下：

首先，將九張牌洗牌，並如圖地排列好。

⑤ 最後的目的乃是爲了使♥9在最上面，順序排至♥A，方法之一是將♥9拿到最上面。

(ㄅ) 將♥2移至♥9下方。

(ㄆ) ♥4移至♥8的下方（♥4比♥2大

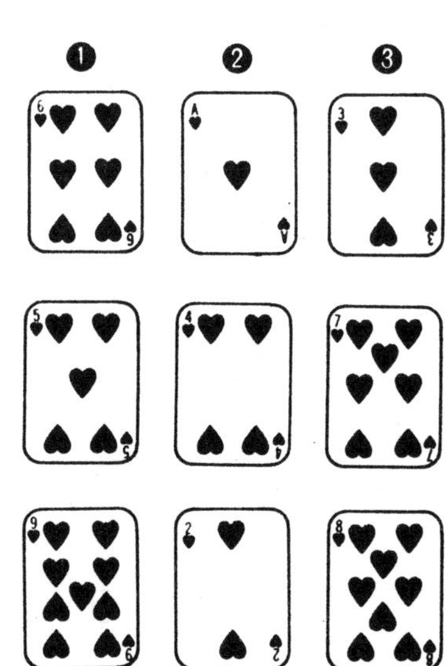

，故不可將♥4移至♥2下方）。

(ㄇ) 將♥2移至♥4下方。

(ㄈ) ♥A移至♥2下方。

(ㄉ) 正中央的第二行變成空行，♥9在第一行的最下方，故將它移至第二行的最上方。

目前的狀態如圖。

(ㄊ) 其次必須將♥8移至♥9下方。以下即爲達成此項目的的操作，首先將♥A移至♥5的下方。

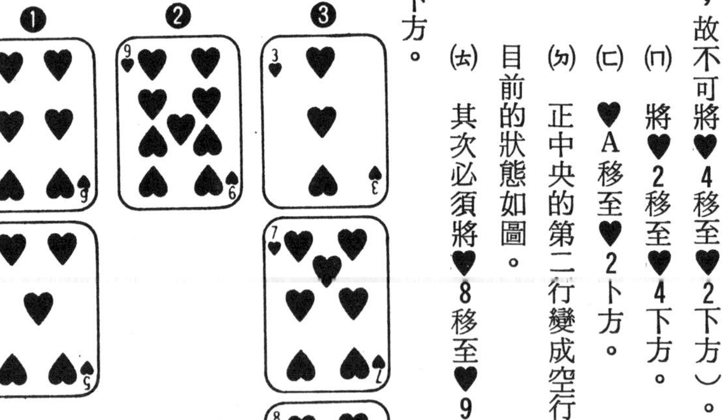

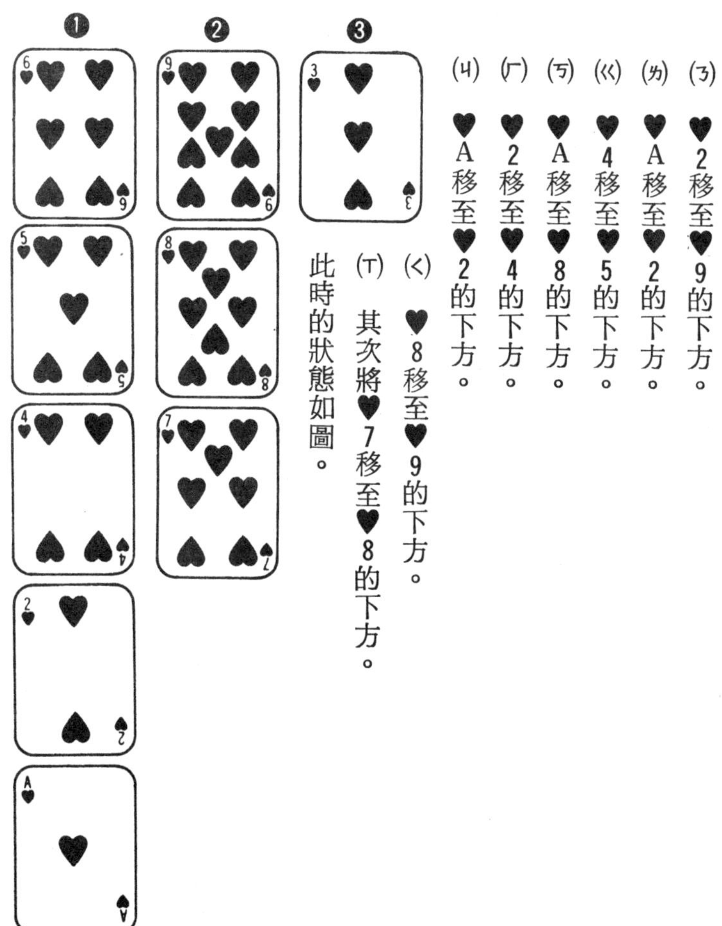

(ㄋ)♥2移至♥9的下方。

(ㄌ)♥A移至♥2的下方。

(ㄍ)♥4移至♥5的下方。

(ㄎ)♥A移至♥8的下方。

(ㄏ)♥2移至♥4的下方。

(ㄐ)♥A移至♥2的下方。

(ㄑ)♥8移至♥9的下方。

(ㄒ)其次將♥7移至♥8的下方。

此時的狀態如圖。

其次必須將♥6移至♥7的下方，但♥6下方有許多牌，故無法直接移過去，以下經由相同的操作，使最後形成一行。

只要耐心地做，一定可以達成的，但視當時的情形，有時只要二～三分鐘卽告完成，有時卻大費周章。

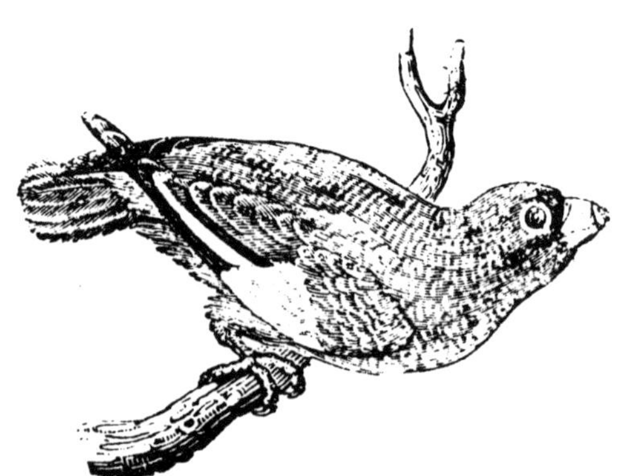

祖父的時鐘

Grandfather's Clock

前面介紹過「時鐘」，但此時的「時鐘」完全不一樣。

●占法

① 首先從五十二張牌當中找出以下的十二張牌。

排列如下頁之上圖，時鐘五時的位置排♥2、六時之位置排♠3、七時排♦4、八時排♣5，九時排♥6、十時排♠7、十一時排♦8、十二時排♣9、一時排♥10、二時排♠J、三時排♦Q、四時排♣K。這是「基礎牌」。

② 剩餘的四十張牌經過仔細地洗牌，排列如下頁之下圖，中上順序掀開，排在基礎牌稍下

方。

排列方式由左向右排八張，總共排五列共四十張。這是「排列牌」。

③ 目的乃是在基礎牌的各張牌上方連續重疊同種牌（紅磚、黑梅、紅桃、黑桃），最後使之跟時鐘的數字相同。

J是11，Q是12，K是13，A當然是1。K上面重疊A、2。

④ 從一時位置的♥10至四時的♣K，爲了使之跟時鐘的數字相同，必須重疊四張牌。五時至十二時分別重疊三張牌則跟時鐘的數字相同。

⑤ 下方四十張排列牌的各行最下面一張牌（沒有牌重疊在上面的）乃是可用的牌。一次只能移動一張牌。

如果排列牌沒有牌可供拿到基礎牌時，則排列牌之間可依4、3、2的順序相互重疊。

此時跟種類無關。

移動的結果出現空行時，可將任何一行可移動的牌移過去。

⑥ 爲了參考起見。茲以圖例實際做做看。

(1) 首先可將第一行的♥3移至基礎牌的♥2。

(2) 第四行的♦9移至♦8的上方。

(3) 第五行的♥J移至♥10的上方。

(4) 第六行的♠4移至♠3的上方。

(5) 結果，第六行的♥Q變成最上面，故將它移至♥J上方。

(6) ♣A移至♣K的上方。

(7) 第八行的♣2移至♣A上方。

(8) 如此一來，排列牌便沒有牌可供移至基礎牌，所以其次試著在排列牌之間互相移動。將♣8移至♥9。（排列牌之間的移動，跟種類無關，但數目則遞減，切莫弄錯。）

(9) 因移動♣8的關係，♣10變成最上面，將之移至♣9上方。

(10) 其次，♣6移至♣5上方。

(11) ♠8移至♠7上方，如此一來，該行變成空行，故可將它任何一行最上面的牌移過來。

(12) 第三行的♣J移至♣10的上方。

(13) 如此一來，排列牌已沒有牌可供移至基礎牌，故將第七行的♠2重疊於第八行的◆3。

(14) 如此一來，第七行的◆10、♥7、♠5、◆J分別可移至基礎牌。

其它依此類推。

⑦ 如此這般可將排列牌一張不剩地全部移至基礎牌，最後形成如圖之時鐘，如此則大吉。

如果未能完成時鐘，排列牌有剩餘時，則以剩餘的張數愈少愈吉。

以下是「撲克牌意義」的縮寫牌，將它剪下來，或貼在大小丑牌，或折起來收在撲克牌的盒子內，隨時隨地可以利用，實在很方便。前面是正位的意義，後面是反位的意義。

然而，誠如正文所探討的，各張牌的意義更廣泛，更豐富，所以在正式的占卜時，務必要參考本書，仔細推敲。

♠	正位		反位
A	勝利	·	慘案
K	優越	·	殘酷
Q	聰明	·	惡意
J	勇氣	·	無力
10	苦痛	·	有益
9	悲慘	·	疑惑
8	危機	·	再生
7	期待	·	商談
6	旅行	·	停止
5	征服	·	失敗
4	休息	·	節約
3	悲哀	·	混亂
2	相抵	·	虛僞

♥	正位		反位
A	歡喜	·	變化
K	責任	·	藝術
Q	溫情	·	不信
J	招待	·	策略
10	平和	·	不幸
9	成功	·	失策
8	挫折	·	幸福
7	空想	·	願望
6	過去	·	未來
5	損失	·	希望
4	疲勞	·	關係
3	解決	·	過多
2	熱情	·	別離

♦	正位		反位
A	完全	·	浪費
K	聰明	·	惡德
Q	繁榮	·	疑惑
J	責任	·	停滯
10	家族	·	命運
9	安全	·	危險
8	工作	·	幻滅
7	成長	·	擔心
6	寬大	·	羨慕
5	貧困	·	克服
4	儲蓄	·	中斷
3	熟練	·	平凡
2	障礙	·	小說

♣	正位		反位
A	創造	·	墮落
K	親切	·	嚴格
Q	愛情	·	嫉妬
J	出發	·	分裂
10	重任	·	藉口
9	多難	·	逆境
8	立斷	·	口論
7	利益	·	不安
6	進步	·	掛念
5	努力	·	爭論
4	交際	·	不穩
3	冒險	·	援助
2	圓滿	·	悲嘆

大展出版社有限公司 圖書目錄

地址：台北市北投區(石牌)
致遠一路二段 12 巷 1 號
郵撥：0166955～1
電話：(02)28236031
28236033
傳真：(02)28272069

・法律專欄連載・電腦編號 58

台大法學院　法律學系／策劃
法律服務社／編著

1. 別讓您的權利睡著了① 200 元
2. 別讓您的權利睡著了② 200 元

・秘傳占卜系列・電腦編號 14

1. 手相術	淺野八郎著	180 元
2. 人相術	淺野八郎著	180 元
3. 西洋占星術	淺野八郎著	180 元
4. 中國神奇占卜	淺野八郎著	150 元
5. 夢判斷	淺野八郎著	150 元
6. 前世、來世占卜	淺野八郎著	150 元
7. 法國式血型學	淺野八郎著	150 元
8. 靈感、符咒學	淺野八郎著	150 元
9. 紙牌占卜學	淺野八郎著	150 元
10. ESP 超能力占卜	淺野八郎著	150 元
11. 猶太數的秘術	淺野八郎著	150 元
12. 新心理測驗	淺野八郎著	160 元
13. 塔羅牌預言秘法	淺野八郎著	200 元

・趣味心理講座・電腦編號 15

1. 性格測驗① 探索男與女	淺野八郎著	140 元
2. 性格測驗② 透視人心奧秘	淺野八郎著	140 元
3. 性格測驗③ 發現陌生的自己	淺野八郎著	140 元
4. 性格測驗④ 發現你的真面目	淺野八郎著	140 元
5. 性格測驗⑤ 讓你們吃驚	淺野八郎著	140 元
6. 性格測驗⑥ 洞穿心理盲點	淺野八郎著	140 元
7. 性格測驗⑦ 探索對方心理	淺野八郎著	140 元
8. 性格測驗⑧ 由吃認識自己	淺野八郎著	160 元
9. 性格測驗⑨ 戀愛知多少	淺野八郎著	160 元
10. 性格測驗⑩ 由裝扮瞭解人心	淺野八郎著	160 元

11. 性格測驗⑪ 敲開內心玄機	淺野八郎著	140元
12. 性格測驗⑫ 透視你的未來	淺野八郎著	160元
13. 血型與你的一生	淺野八郎著	160元
14. 趣味推理遊戲	淺野八郎著	160元
15. 行為語言解析	淺野八郎著	160元

·婦幼天地· 電腦編號 16

1. 八萬人減肥成果	黃靜香譯	180元
2. 三分鐘減肥體操	楊鴻儒譯	150元
3. 窈窕淑女美髮秘訣	柯素娥譯	130元
4. 使妳更迷人	成　玉譯	130元
5. 女性的更年期	官舒妍編譯	160元
6. 胎內育兒法	李玉瓊編譯	150元
7. 早產兒袋鼠式護理	唐岱蘭譯	200元
8. 初次懷孕與生產	婦幼天地編譯組	180元
9. 初次育兒12個月	婦幼天地編譯組	180元
10. 斷乳食與幼兒食	婦幼天地編譯組	180元
11. 培養幼兒能力與性向	婦幼天地編譯組	180元
12. 培養幼兒創造力的玩具與遊戲	婦幼天地編譯組	180元
13. 幼兒的症狀與疾病	婦幼天地編譯組	180元
14. 腿部苗條健美法	婦幼天地編譯組	180元
15. 女性腰痛別忽視	婦幼天地編譯組	150元
16. 舒展身心體操術	李玉瓊編譯	130元
17. 三分鐘臉部體操	趙薇妮著	160元
18. 生動的笑容表情術	趙薇妮著	160元
19. 心曠神怡減肥法	川津祐介著	130元
20. 內衣使妳更美麗	陳玄茹譯	130元
21. 瑜伽美姿美容	黃靜香編著	180元
22. 高雅女性裝扮學	陳珮玲譯	180元
23. 蠶糞肌膚美顏法	坂梨秀子著	160元
24. 認識妳的身體	李玉瓊譯	160元
25. 產後恢復苗條體態	居理安・芙萊喬著	200元
26. 正確護髮美容法	山崎伊久江著	180元
27. 安琪拉美姿養生學	安琪拉蘭斯博瑞著	180元
28. 女體性醫學剖析	增田豐著	220元
29. 懷孕與生產剖析	岡部綾子著	180元
30. 斷奶後的健康育兒	東城百合子著	220元
31. 引出孩子幹勁的責罵藝術	多湖輝著	170元
32. 培養孩子獨立的藝術	多湖輝著	170元
33. 子宮肌瘤與卵巢囊腫	陳秀琳編著	180元
34. 下半身減肥法	納他夏・史達賓著	180元
35. 女性自然美容法	吳雅菁編著	180元
36. 再也不發胖	池園悅太郎著	170元

37. 生男生女控制術	中垣勝裕著	220 元
38. 使妳的肌膚更亮麗	楊　皓編著	170 元
39. 臉部輪廓變美	芝崎義夫著	180 元
40. 斑點、皺紋自己治療	高須克彌著	180 元
41. 面皰自己治療	伊藤雄康著	180 元
42. 隨心所欲瘦身冥想法	原久子著	180 元
43. 胎兒革命	鈴木丈織著	180 元
44. NS 磁氣平衡法塑造窈窕奇蹟	古屋和江著	180 元
45. 享瘦從腳開始	山田陽子著	180 元
46. 小改變瘦 4 公斤	宮本裕子著	180 元
47. 軟管減肥瘦身	高橋輝男著	180 元
48. 海藻精神秘美容法	劉名揚編著	180 元
49. 肌膚保養與脫毛	鈴木真理著	180 元
50. 10 天減肥 3 公斤	彤雲編輯組	180 元
51. 穿出自己的品味	西村玲子著	280 元

·青春天地·電腦編號 17

1. A 血型與星座	柯素娥編譯	160 元
2. B 血型與星座	柯素娥編譯	160 元
3. O 血型與星座	柯素娥編譯	160 元
4. AB 血型與星座	柯素娥編譯	120 元
5. 青春期性教室	呂貴嵐編譯	130 元
6. 事半功倍讀書法	王毅希編譯	150 元
7. 難解數學破題	宋釗宜編譯	130 元
9. 小論文寫作秘訣	林顯茂編譯	120 元
11. 中學生野外遊戲	熊谷康編著	120 元
12. 恐怖極短篇	柯素娥編譯	130 元
13. 恐怖夜話	小毛驢編譯	130 元
14. 恐怖幽默短篇	小毛驢編譯	120 元
15. 黑色幽默短篇	小毛驢編譯	120 元
16. 靈異怪談	小毛驢編譯	130 元
17. 錯覺遊戲	小毛驢編著	130 元
18. 整人遊戲	小毛驢編著	150 元
19. 有趣的超常識	柯素娥編譯	130 元
20. 哦！原來如此	林慶旺編譯	130 元
21. 趣味競賽 100 種	劉名揚編譯	120 元
22. 數學謎題入門	宋釗宜編譯	150 元
23. 數學謎題解析	宋釗宜編譯	150 元
24. 透視男女心理	林慶旺編譯	120 元
25. 少女情懷的自白	李桂蘭編譯	120 元
26. 由兄弟姊妹看命運	李玉瓊編譯	130 元
27. 趣味的科學魔術	林慶旺編譯	150 元
28. 趣味的心理實驗室	李燕玲編譯	150 元

29. 愛與性心理測驗　小毛驢編譯　130 元
30. 刑案推理解謎　小毛驢編譯　180 元
31. 偵探常識推理　小毛驢編譯　180 元
32. 偵探常識解謎　小毛驢編譯　130 元
33. 偵探推理遊戲　小毛驢編譯　130 元
34. 趣味的超魔術　廖玉山編著　150 元
35. 趣味的珍奇發明　柯素娥編著　150 元
36. 登山用具與技巧　陳瑞菊編著　150 元
37. 性的漫談　蘇燕謀編著　180 元
38. 無的漫談　蘇燕謀編著　180 元
39. 黑色漫談　蘇燕謀編著　180 元
40. 白色漫談　蘇燕謀編著　180 元

・健康天地・電腦編號 18

1. 壓力的預防與治療　柯素娥編譯　130 元
2. 超科學氣的魔力　柯素娥編譯　130 元
3. 尿療法治病的神奇　中尾良一著　130 元
4. 鐵證如山的尿療法奇蹟　廖玉山譯　120 元
5. 一日斷食健康法　葉慈容編譯　150 元
6. 胃部強健法　陳炳崑譯　120 元
7. 癌症早期檢查法　廖松濤譯　160 元
8. 老人痴呆症防止法　柯素娥編譯　130 元
9. 松葉汁健康飲料　陳麗芬編譯　130 元
10. 揉肚臍健康法　永井秋夫著　150 元
11. 過勞死、猝死的預防　卓秀貞編譯　130 元
12. 高血壓治療與飲食　藤山順豐著　150 元
13. 老人看護指南　柯素娥編譯　150 元
14. 美容外科淺談　楊啟宏著　150 元
15. 美容外科新境界　楊啟宏著　150 元
16. 鹽是天然的醫生　西英司郎著　140 元
17. 年輕十歲不是夢　梁瑞麟譯　200 元
18. 茶料理治百病　桑野和民著　180 元
19. 綠茶治病寶典　桑野和民著　150 元
20. 杜仲茶養顏減肥法　西田博著　150 元
21. 蜂膠驚人療效　瀨長良三郎著　180 元
22. 蜂膠治百病　瀨長良三郎著　180 元
23. 醫藥與生活㈠　鄭炳全著　180 元
24. 鈣長生寶典　落合敏著　180 元
25. 大蒜長生寶典　木下繁太郎著　160 元
26. 居家自我健康檢查　石川恭三著　160 元
27. 永恆的健康人生　李秀鈴譯　200 元
28. 大豆卵磷脂長生寶典　劉雪卿譯　150 元
29. 芳香療法　梁艾琳譯　160 元

30. 醋長生寶典　柯素娥譯　180 元
31. 從星座透視健康　席拉・吉蒂斯著　180 元
32. 愉悅自在保健學　野本二士夫著　160 元
33. 裸睡健康法　丸山淳士等著　160 元
34. 糖尿病預防與治療　藤田順豐著　180 元
35. 維他命長生寶典　菅原明子著　180 元
36. 維他命 C 新效果　鐘文訓編　150 元
37. 手、腳病理按摩　堤芳朗著　160 元
38. AIDS 瞭解與預防　彼得塔歇爾著　180 元
39. 甲殼質殼聚糖健康法　沈永嘉譯　160 元
40. 神經痛預防與治療　木下真男著　160 元
41. 室內身體鍛鍊法　陳炳崑編著　160 元
42. 吃出健康藥膳　劉大器編著　180 元
43. 自我指壓術　蘇燕謀編著　160 元
44. 紅蘿蔔汁斷食療法　李玉瓊編著　150 元
45. 洗心術健康秘法　竺翠萍編譯　170 元
46. 枇杷葉健康療法　柯素娥編譯　180 元
47. 抗衰血癒　楊啟宏著　180 元
48. 與癌搏鬥記　逸見政孝著　180 元
49. 冬蟲夏草長生寶典　高橋義博著　170 元
50. 痔瘡・大腸疾病先端療法　宮島伸宜著　180 元
51. 膠布治癒頑固慢性病　加瀨建造著　180 元
52. 芝麻神奇健康法　小林貞作著　170 元
53. 香煙能防止癡呆？　高田明和著　180 元
54. 穀菜食治癌療法　佐藤成志著　180 元
55. 貼藥健康法　松原英多著　180 元
56. 克服癌症調和道呼吸法　帶津良一著　180 元
57. B 型肝炎預防與治療　野村喜重郎著　180 元
58. 青春永駐養生導引術　早島正雄著　180 元
59. 改變呼吸法創造健康　原久子著　180 元
60. 荷爾蒙平衡養生秘訣　出村博著　180 元
61. 水美肌健康法　井戶勝富著　170 元
62. 認識食物掌握健康　廖梅珠編著　170 元
63. 痛風劇痛消除法　鈴木吉彥著　180 元
64. 酸莖菌驚人療效　上田明彥著　180 元
65. 大豆卵磷脂治現代病　神津健一著　200 元
66. 時辰療法—危險時刻凌晨 4 時　呂建強等著　180 元
67. 自然治癒力提升法　帶津良一著　180 元
68. 巧妙的氣保健法　藤平墨子著　180 元
69. 治癒 C 型肝炎　熊田博光著　180 元
70. 肝臟病預防與治療　劉名揚編著　180 元
71. 腰痛平衡療法　荒井政信著　180 元
72. 根治多汗症、狐臭　稻葉益巳著　220 元
73. 40 歲以後的骨質疏鬆症　沈永嘉譯　180 元

74. 認識中藥	松下一成著	180 元
75. 認識氣的科學	佐佐木茂美著	180 元
76. 我戰勝了癌症	安田伸著	180 元
77. 斑點是身心的危險信號	中野進著	180 元
78. 艾波拉病毒大震撼	玉川重德著	180 元
79. 重新還我黑髮	桑名隆一郎著	180 元
80. 身體節律與健康	林博史著	180 元
81. 生薑治萬病	石原結實著	180 元
82. 靈芝治百病	陳瑞東著	180 元
83. 木炭驚人的威力	大槻彰著	200 元
84. 認識活性氧	井土貴司著	180 元
85. 深海鮫治百病	廖玉山編著	180 元
86. 神奇的蜂王乳	井上丹治著	180 元
87. 卡拉 OK 健腦法	東潔著	180 元
88. 卡拉 OK 健康法	福田伴男著	180 元
89. 醫藥與生活(二)	鄭炳全著	200 元
90. 洋蔥治百病	宮尾興平著	180 元
91. 年輕 10 歲快步健康法	石塚忠雄著	180 元
92. 石榴的驚人神效	岡本順子著	180 元
93. 飲料健康法	白鳥早奈英著	180 元
94. 健康棒體操	劉名揚編譯	180 元
95. 催眠健康法	蕭京凌編著	180 元
96. 鬱金（美王）治百病	水野修一著	180 元

・實用女性學講座・電腦編號 19

1. 解讀女性內心世界	島田一男著	150 元
2. 塑造成熟的女性	島田一男著	150 元
3. 女性整體裝扮學	黃靜香編著	180 元
4. 女性應對禮儀	黃靜香編著	180 元
5. 女性婚前必修	小野十傳著	200 元
6. 徹底瞭解女人	田口二州著	180 元
7. 拆穿女性謊言 88 招	島田一男著	200 元
8. 解讀女人心	島田一男著	200 元
9. 俘獲女性絕招	志賀貢著	200 元
10. 愛情的壓力解套	中村理英子著	200 元
11. 妳是人見人愛的女孩	廖松濤編著	200 元

・校園系列・電腦編號 20

1. 讀書集中術	多湖輝著	150 元
2. 應考的訣竅	多湖輝著	150 元
3. 輕鬆讀書贏得聯考	多湖輝著	150 元

4. 讀書記憶秘訣　多湖輝著　150元
5. 視力恢復！超速讀術　江錦雲譯　180元
6. 讀書36計　黃柏松編著　180元
7. 驚人的速讀術　鐘文訓編著　170元
8. 學生課業輔導良方　多湖輝著　180元
9. 超速讀超記憶法　廖松濤編著　180元
10. 速算解題技巧　宋釗宜編著　200元
11. 看圖學英文　陳炳崑編著　200元
12. 讓孩子最喜歡數學　沈永嘉譯　180元
13. 催眠記憶術　林碧清譯　180元
14. 催眠速讀術　林碧清譯　180元

・實用心理學講座・電腦編號21

1. 拆穿欺騙伎倆　多湖輝著　140元
2. 創造好構想　多湖輝著　140元
3. 面對面心理術　多湖輝著　160元
4. 偽裝心理術　多湖輝著　140元
5. 透視人性弱點　多湖輝著　140元
6. 自我表現術　多湖輝著　180元
7. 不可思議的人性心理　多湖輝著　180元
8. 催眠術入門　多湖輝著　150元
9. 責罵部屬的藝術　多湖輝著　150元
10. 精神力　多湖輝著　150元
11. 厚黑說服術　多湖輝著　150元
12. 集中力　多湖輝著　150元
13. 構想力　多湖輝著　150元
14. 深層心理術　多湖輝著　160元
15. 深層語言術　多湖輝著　160元
16. 深層說服術　多湖輝著　180元
17. 掌握潛在心理　多湖輝著　160元
18. 洞悉心理陷阱　多湖輝著　180元
19. 解讀金錢心理　多湖輝著　180元
20. 拆穿語言圈套　多湖輝著　180元
21. 語言的內心玄機　多湖輝著　180元
22. 積極力　多湖輝著　180元

・超現實心理講座・電腦編號22

1. 超意識覺醒法　詹蔚芬編譯　130元
2. 護摩秘法與人生　劉名揚編譯　130元
3. 秘法！超級仙術入門　陸明譯　150元
4. 給地球人的訊息　柯素娥編著　150元

5. 密教的神通力　劉名揚編著　130 元
6. 神秘奇妙的世界　平川陽一著　200 元
7. 地球文明的超革命　吳秋嬌譯　200 元
8. 力量石的秘密　吳秋嬌譯　180 元
9. 超能力的靈異世界　馬小莉譯　200 元
10. 逃離地球毀滅的命運　吳秋嬌譯　200 元
11. 宇宙與地球終結之謎　南山宏著　200 元
12. 驚世奇功揭秘　傅起鳳著　200 元
13. 啟發身心潛力心象訓練法　栗田昌裕著　180 元
14. 仙道術遁甲法　高藤聰一郎著　220 元
15. 神通力的秘密　中岡俊哉著　180 元
16. 仙人成仙術　高藤聰一郎著　200 元
17. 仙道符咒氣功法　高藤聰一郎著　220 元
18. 仙道風水術尋龍法　高藤聰一郎著　200 元
19. 仙道奇蹟超幻像　高藤聰一郎著　200 元
20. 仙道鍊金術房中法　高藤聰一郎著　200 元
21. 奇蹟超醫療治癒難病　深野一幸著　220 元
22. 揭開月球的神秘力量　超科學研究會　180 元
23. 西藏密教奧義　高藤聰一郎著　250 元
24. 改變你的夢術入門　高藤聰一郎著　250 元
25. 21 世紀拯救地球超技術　深野一幸著　250 元

・養 生 保 健・電腦編號 23

1. 醫療養生氣功　黃孝寬著　250 元
2. 中國氣功圖譜　余功保著　230 元
3. 少林醫療氣功精粹　井玉蘭著　250 元
4. 龍形實用氣功　吳大才等著　220 元
5. 魚戲增視強身氣功　宮　嬰著　220 元
6. 嚴新氣功　前新培金著　250 元
7. 道家玄牝氣功　張　章著　200 元
8. 仙家秘傳袪病功　李遠國著　160 元
9. 少林十大健身功　秦慶豐著　180 元
10. 中國自控氣功　張明武著　250 元
11. 醫療防癌氣功　黃孝寬著　250 元
12. 醫療強身氣功　黃孝寬著　250 元
13. 醫療點穴氣功　黃孝寬著　250 元
14. 中國八卦如意功　趙維漢著　180 元
15. 正宗馬禮堂養氣功　馬禮堂著　420 元
16. 秘傳道家筋經內丹功　王慶餘著　280 元
17. 三元開慧功　辛桂林著　250 元
18. 防癌治癌新氣功　郭　林著　180 元
19. 禪定與佛家氣功修煉　劉天君著　200 元
20. 顛倒之術　梅自強著　360 元

21. 簡明氣功辭典	吳家駿編	360 元
22. 八卦三合功	張全亮著	230 元
23. 朱砂掌健身養生功	楊永著	250 元
24. 抗老功	陳九鶴著	230 元
25. 意氣按穴排濁自療法	黃啟運編著	250 元
26. 陳式太極拳養生功	陳正雷著	200 元
27. 健身祛病小功法	王培生著	200 元
28. 張式太極混元功	張春銘著	250 元

・社會人智囊・電腦編號 24

1. 糾紛談判術	清水增三著	160 元
2. 創造關鍵術	淺野八郎著	150 元
3. 觀人術	淺野八郎著	180 元
4. 應急詭辯術	廖英迪編著	160 元
5. 天才家學習術	木原武一著	160 元
6. 貓型狗式鑑人術	淺野八郎著	180 元
7. 逆轉運掌握術	淺野八郎著	180 元
8. 人際圓融術	澀谷昌三著	160 元
9. 解讀人心術	淺野八郎著	180 元
10. 與上司水乳交融術	秋元隆司著	180 元
11. 男女心態定律	小田晉著	180 元
12. 幽默說話術	林振輝編著	200 元
13. 人能信賴幾分	淺野八郎著	180 元
14. 我一定能成功	李玉瓊譯	180 元
15. 獻給青年的嘉言	陳蒼杰譯	180 元
16. 知人、知面、知其心	林振輝編著	180 元
17. 塑造堅強的個性	坂上肇著	180 元
18. 為自己而活	佐藤綾子著	180 元
19. 未來十年與愉快生活有約	船井幸雄著	180 元
20. 超級銷售話術	杜秀卿譯	180 元
21. 感性培育術	黃靜香編著	180 元
22. 公司新鮮人的禮儀規範	蔡媛惠譯	180 元
23. 傑出職員鍛鍊術	佐佐木正著	180 元
24. 面談獲勝戰略	李芳黛譯	180 元
25. 金玉良言撼人心	森純大著	180 元
26. 男女幽默趣典	劉華亭編著	180 元
27. 機智說話術	劉華亭編著	180 元
28. 心理諮商室	柯素娥譯	180 元
29. 如何在公司崢嶸頭角	佐佐木正著	180 元
30. 機智應對術	李玉瓊編著	200 元
31. 克服低潮良方	坂野雄二著	180 元
32. 智慧型說話技巧	沈永嘉編著	180 元
33. 記憶力、集中力增進術	廖松濤編著	180 元

34. 女職員培育術　林慶旺編著　180元
35. 自我介紹與社交禮儀　柯素娥編著　180元
36. 積極生活創幸福　田中真澄著　180元
37. 妙點子超構想　多湖輝著　180元
38. 說NO的技巧　廖玉山編著　180元
39. 一流說服力　李玉瓊編著　180元
40. 般若心經成功哲學　陳鴻蘭編著　180元
41. 訪問推銷術　黃靜香編著　180元
42. 男性成功秘訣　陳蒼杰編著　180元
43. 笑容、人際智商　宮川澄子著　180元
44. 多湖輝的構想工作室　多湖輝著　200元
45. 名人名語啟示錄　喬家楓著　180元
46. 口才必勝術　黃柏松編著　220元
47. 能言善道的說話術　章智冠編著　180元

・精 選 系 列・電腦編號25

1. 毛澤東與鄧小平　渡邊利夫等著　280元
2. 中國大崩裂　江戶介雄著　180元
3. 台灣・亞洲奇蹟　上村幸治著　220元
4. 7-ELEVEN高盈收策略　國友隆一著　180元
5. 台灣獨立（新・中國日本戰爭一）　森詠著　200元
6. 迷失中國的末路　江戶雄介著　220元
7. 2000年5月全世界毀滅　紫藤甲子男著　180元
8. 失去鄧小平的中國　小島朋之著　220元
9. 世界史爭議性異人傳　桐生操著　200元
10. 淨化心靈享人生　松濤弘道著　220元
11. 人生心情診斷　賴藤和寬著　220元
12. 中美大決戰　檜山良昭著　220元
13. 黃昏帝國美國　莊雯琳譯　220元
14. 兩岸衝突（新・中國日本戰爭二）　森詠著　220元
15. 封鎖台灣（新・中國日本戰爭三）　森詠著　220元
16. 中國分裂（新・中國日本戰爭四）　森詠著　220元
17. 由女變男的我　虎井正衛著　200元
18. 佛學的安心立命　松濤弘道著　220元
19. 世界喪禮大觀　松濤弘道著　280元

・運 動 遊 戲・電腦編號26

1. 雙人運動　李玉瓊譯　160元
2. 愉快的跳繩運動　廖玉山譯　180元
3. 運動會項目精選　王佑京譯　150元
4. 肋木運動　廖玉山譯　150元

5.	測力運動	王佑宗譯	150元
6.	游泳入門	唐桂萍編著	200元

・休閒娛樂・電腦編號27

1.	海水魚飼養法	田中智浩著	300元
2.	金魚飼養法	曾雪玫譯	250元
3.	熱門海水魚	毛利匡明著	480元
4.	愛犬的教養與訓練	池田好雄著	250元
5.	狗教養與疾病	杉浦哲著	220元
6.	小動物養育技巧	三上昇著	300元
7.	水草選擇、培育、消遣	安齊裕司著	300元
20.	園藝植物管理	船越亮二著	220元
40.	撲克牌遊戲與贏牌秘訣	林振輝編著	180元
41.	撲克牌魔術、算命、遊戲	林振輝編著	180元
42.	撲克占卜入門	王家成編著	180元
50.	兩性幽默	幽默選集編輯組	180元
51.	異色幽默	幽默選集編輯組	180元

・銀髮族智慧學・電腦編號28

1.	銀髮六十樂逍遙	多湖輝著	170元
2.	人生六十反年輕	多湖輝著	170元
3.	六十歲的決斷	多湖輝著	170元
4.	銀髮族健身指南	孫瑞台編著	250元
5.	退休後的夫妻健康生活	施聖茹譯	200元

・飲食保健・電腦編號29

1.	自己製作健康茶	大海淳著	220元
2.	好吃、具藥效茶料理	德永睦子著	220元
3.	改善慢性病健康藥草茶	吳秋嬌譯	200元
4.	藥酒與健康果菜汁	成玉編著	250元
5.	家庭保健養生湯	馬汴梁編著	220元
6.	降低膽固醇的飲食	早川和志著	200元
7.	女性癌症的飲食	女子營養大學	280元
8.	痛風者的飲食	女子營養大學	280元
9.	貧血者的飲食	女子營養大學	280元
10.	高脂血症者的飲食	女子營養大學	280元
11.	男性癌症的飲食	女子營養大學	280元
12.	過敏者的飲食	女子營養大學	280元
13.	心臟病的飲食	女子營養大學	280元
14.	滋陰壯陽的飲食	王增著	220元

15. 胃、十二指腸潰瘍的飲食　勝健一等著　280 元
16. 肥胖者的飲食　雨宮禎子等著　280 元

・家庭醫學保健・電腦編號 30

1. 女性醫學大全	雨森良彥著	380 元
2. 初為人父育兒寶典	小瀧周曹著	220 元
3. 性活力強健法	相建華著	220 元
4. 30 歲以上的懷孕與生產	李芳黛編著	220 元
5. 舒適的女性更年期	野末悅子著	200 元
6. 夫妻前戲的技巧	笠井寬司著	200 元
7. 病理足穴按摩	金慧明著	220 元
8. 爸爸的更年期	河野孝旺著	200 元
9. 橡皮帶健康法	山田晶著	180 元
10. 三十三天健美減肥	相建華等著	180 元
11. 男性健美入門	孫玉祿編著	180 元
12. 強化肝臟秘訣	主婦の友社編	200 元
13. 了解藥物副作用	張果馨譯	200 元
14. 女性醫學小百科	松山榮吉著	200 元
15. 左轉健康法	龜田修等著	200 元
16. 實用天然藥物	鄭炳全編著	260 元
17. 神秘無痛平衡療法	林宗駛著	180 元
18. 膝蓋健康法	張果馨譯	180 元
19. 針灸治百病	葛書翰著	250 元
20. 異位性皮膚炎治癒法	吳秋嬌譯	220 元
21. 禿髮白髮預防與治療	陳炳崑編著	180 元
22. 埃及皇宮菜健康法	飯森薰著	200 元
23. 肝臟病安心治療	上野幸久著	220 元
24. 耳穴治百病	陳抗美等著	250 元
25. 高效果指壓法	五十嵐康彥著	200 元
26. 瘦水、胖水	鈴木園子著	200 元
27. 手針新療法	朱振華著	200 元
28. 香港腳預防與治療	劉小惠譯	250 元
29. 智慧飲食吃出健康	柯富陽編著	200 元
30. 牙齒保健法	廖玉山編著	200 元
31. 恢復元氣養生食	張果馨譯	200 元
32. 特效推拿按摩術	李玉田著	200 元
33. 一週一次健康法	若狹真著	200 元
34. 家常科學膳食	大塚滋著	220 元
35. 夫妻們關心的男性不孕	原利夫著	220 元
36. 自我瘦身美容	馬野詠子著	200 元
37. 魔法姿勢益健康	五十嵐康彥著	200 元
38. 眼病錘療法	馬栩周著	200 元
39. 預防骨質疏鬆症	藤田拓男著	200 元

40. 骨質增生效驗方　李吉茂編著　250元
41. 蒜菜健康法　小林正夫著　200元
42. 赧於啟齒的男性煩惱　增田豐著　220元
43. 簡易自我健康檢查　稻葉允著　250元
44. 實用花草健康法　友田純子著　200元
45. 神奇的手掌療法　日比野喬著　230元
46. 家庭式三大穴道療法　刑部忠和著　200元
47. 子宮癌、卵巢癌　岡島弘幸著　220元
48. 糖尿病機能性食品　劉雪卿編著　220元
49. 奇蹟活現經脈美容法　林振輝編譯　200元
50. Super SEX　秋好憲一著　220元
51. 了解避孕丸　林玉佩譯　200元
52. 有趣的遺傳學　蕭京凌編著　200元
53. 強身健腦手指運動　羅群等著　250元

・超經營新智慧・電腦編號 31

1. 躍動的國家越南　林雅倩譯　250元
2. 甦醒的小龍菲律賓　林雅倩譯　220元
3. 中國的危機與商機　中江要介著　250元
4. 在印度的成功智慧　山內利男著　220元
5. 7-ELEVEN 大革命　村上豐道著　200元
6. 業務員成功秘方　呂育清編著　200元
7. 在亞洲成功的智慧　鈴木讓二著　220元

・親子系列・電腦編號 32

1. 如何使孩子出人頭地　多湖輝著　200元
2. 心靈啟蒙教育　多湖輝著　280元

・雅致系列・電腦編號 33

1. 健康食譜春冬篇　丸元淑生著　200元
2. 健康食譜夏秋篇　丸元淑生著　200元
3. 純正家庭料理　陳建民等著　200元
4. 家庭四川菜　陳建民著　200元
5. 醫食同源健康美食　郭長聚著　200元
6. 家族健康食譜　東畑朝子著　200元

・美術系列・電腦編號 34

1. 可愛插畫集　鉛筆等著　220元
2. 人物插畫集　鉛筆等著　元

·心靈雅集· 電腦編號 00

1.	禪言佛語看人生	松濤弘道著	180 元
2.	禪密教的奧秘	葉逯謙譯	120 元
3.	觀音大法力	田口日勝著	120 元
4.	觀音法力的大功德	田口日勝著	120 元
5.	達摩禪 106 智慧	劉華亭編譯	220 元
6.	有趣的佛教研究	葉逯謙編譯	170 元
7.	夢的開運法	蕭京凌譯	130 元
8.	禪學智慧	柯素娥編譯	130 元
9.	女性佛教入門	許俐萍譯	110 元
10.	佛像小百科	心靈雅集編譯組	130 元
11.	佛教小百科趣談	心靈雅集編譯組	120 元
12.	佛教小百科漫談	心靈雅集編譯組	150 元
13.	佛教知識小百科	心靈雅集編譯組	150 元
14.	佛學名言智慧	松濤弘道著	220 元
15.	釋迦名言智慧	松濤弘道著	220 元
16.	活人禪	平田精耕著	120 元
17.	坐禪入門	柯素娥編譯	150 元
18.	現代禪悟	柯素娥編譯	130 元
19.	道元禪師語錄	心靈雅集編譯組	130 元
20.	佛學經典指南	心靈雅集編譯組	130 元
21.	何謂「生」阿含經	心靈雅集編譯組	150 元
22.	一切皆空　般若心經	心靈雅集編譯組	180 元
23.	超越迷惘　法句經	心靈雅集編譯組	130 元
24.	開拓宇宙觀　華嚴經	心靈雅集編譯組	180 元
25.	真實之道　法華經	心靈雅集編譯組	130 元
26.	自由自在　涅槃經	心靈雅集編譯組	130 元
27.	沈默的教示　維摩經	心靈雅集編譯組	150 元
28.	開通心眼　佛語佛戒	心靈雅集編譯組	130 元
29.	揭秘寶庫　密教經典	心靈雅集編譯組	180 元
30.	坐禪與養生	廖松濤譯	110 元
31.	釋尊十戒	柯素娥編譯	120 元
32.	佛法與神通	劉欣如編著	120 元
33.	悟（正法眼藏的世界）	柯素娥編譯	120 元
34.	只管打坐	劉欣如編著	120 元
35.	喬答摩・佛陀傳	劉欣如編著	120 元
36.	唐玄奘留學記	劉欣如編著	120 元
37.	佛教的人生觀	劉欣如編譯	110 元
38.	無門關(上卷)	心靈雅集編譯組	150 元
39.	無門關(下卷)	心靈雅集編譯組	150 元
40.	業的思想	劉欣如編著	130 元
41.	佛法難學嗎	劉欣如著	140 元

42. 佛法實用嗎	劉欣如著	140 元
43. 佛法殊勝嗎	劉欣如著	140 元
44. 因果報應法則	李常傳編	180 元
45. 佛教醫學的奧秘	劉欣如編著	150 元
46. 紅塵絕唱	海　若著	130 元
47. 佛教生活風情	洪丕謨、姜玉珍著	220 元
48. 行住坐臥有佛法	劉欣如著	160 元
49. 起心動念是佛法	劉欣如著	160 元
50. 四字禪語	曹洞宗青年會	200 元
51. 妙法蓮華經	劉欣如編著	160 元
52. 根本佛教與大乘佛教	葉作森編	180 元
53. 大乘佛經	定方晟著	180 元
54. 須彌山與極樂世界	定方晟著	180 元
55. 阿闍世的悟道	定方晟著	180 元
56. 金剛經的生活智慧	劉欣如著	180 元
57. 佛教與儒教	劉欣如編譯	180 元
58. 佛教史入門	劉欣如編譯	180 元
59. 印度佛教思想史	劉欣如編譯	200 元
60. 佛教與女姓	劉欣如編譯	180 元
61. 禪與人生	洪丕謨主編	260 元

・經 營 管 理・電腦編號 01

◎ 創新經營管理六十六大計(精)	蔡弘文編	780 元
1. 如何獲取生意情報	蘇燕謀譯	110 元
2. 經濟常識問答	蘇燕謀譯	130 元
4. 台灣商戰風雲錄	陳中雄著	120 元
5. 推銷大王秘錄	原一平著	180 元
6. 新創意・賺大錢	王家成譯	90 元
7. 工廠管理新手法	琪　輝著	120 元
10. 美國實業 24 小時	柯順隆譯	80 元
11. 撼動人心的推銷法	原一平著	150 元
12. 高竿經營法	蔡弘文編	120 元
13. 如何掌握顧客	柯順隆譯	150 元
17. 一流的管理	蔡弘文編	150 元
18. 外國人看中韓經濟	劉華亭譯	150 元
20. 突破商場人際學	林振輝編著	90 元
22. 如何使女人打開錢包	林振輝編著	100 元
24. 小公司經營策略	王嘉誠著	160 元
25. 成功的會議技巧	鐘文訓編譯	100 元
26. 新時代老闆學	黃柏松編著	100 元
27. 如何創造商場智囊團	林振輝編譯	150 元
28. 十分鐘推銷術	林振輝編譯	180 元
29. 五分鐘育才	黃柏松編譯	100 元

33. 自我經濟學	廖松濤編譯	100元
34. 一流的經營	陶田生編著	120元
35. 女性職員管理術	王昭國編譯	120元
36. ＩＢＭ的人事管理	鐘文訓編譯	150元
37. 現代電腦常識	王昭國編譯	150元
38. 電腦管理的危機	鐘文訓編譯	120元
39. 如何發揮廣告效果	王昭國編譯	150元
40. 最新管理技巧	王昭國編譯	150元
41. 一流推銷術	廖松濤編譯	150元
42. 包裝與促銷技巧	王昭國編譯	130元
43. 企業王國指揮塔	松下幸之助著	120元
44. 企業精銳兵團	松下幸之助著	120元
45. 企業人事管理	松下幸之助著	100元
46. 華僑經商致富術	廖松濤編譯	130元
47. 豐田式銷售技巧	廖松濤編譯	180元
48. 如何掌握銷售技巧	王昭國編著	130元
50. 洞燭機先的經營	鐘文訓編譯	150元
52. 新世紀的服務業	鐘文訓編譯	100元
53. 成功的領導者	廖松濤編譯	120元
54. 女推銷員成功術	李玉瓊編譯	130元
55. ＩＢＭ人才培育術	鐘文訓編譯	100元
56. 企業人自我突破法	黃琪輝編著	150元
58. 財富開發術	蔡弘文編著	130元
59. 成功的店舗設計	鐘文訓編著	150元
61. 企管回春法	蔡弘文編著	130元
62. 小企業經營指南	鐘文訓編譯	100元
63. 商場致勝名言	鐘文訓編譯	150元
64. 迎接商業新時代	廖松濤編譯	100元
66. 新手股票投資入門	何朝乾編著	200元
67. 上揚股與下跌股	何朝乾編譯	180元
68. 股票速成學	何朝乾編譯	200元
69. 理財與股票投資策略	黃俊豪編著	180元
70. 黃金投資策略	黃俊豪編著	180元
71. 厚黑管理學	廖松濤編譯	180元
72. 股市致勝格言	呂梅莎編譯	180元
73. 透視西武集團	林谷燁編譯	150元
76. 巡迴行銷術	陳蒼杰譯	150元
77. 推銷的魔術	王嘉誠譯	120元
78. 60 秒指導部屬	周蓮芬編譯	150元
79. 精銳女推銷員特訓	李玉瓊編譯	130元
80. 企劃、提案、報告圖表的技巧	鄭汶譯	180元
81. 海外不動產投資	許達守編譯	150元
82. 八百伴的世界策略	李玉瓊譯	150元
83. 服務業品質管理	吳宜芬譯	180元

國家圖書館出版品預行編目資料

撲克牌占卜入門／王家成編著，－2版－臺北市，
大展，民88
面；　公分－（休閒娛樂；42）

ISBN 957-557-915-1（平裝）
1. 占卜
292.9　　88002995

ISBN 957-557-915-1

撲克牌占卜入門

編 著 者／王　家　成
發 行 人／蔡　森　明
出 版 者／大展出版社有限公司
社　　址／台北市北投區（石牌）致遠一路二段12巷1號
電　　話／(02) 28236031・28236033
傳　　真／(02) 28272069
郵政劃撥／0166955－1
登 記 證／局版臺業字第2171號
承 印 者／國順圖書印刷公司
裝　　訂／嶸興裝訂有限公司
排 版 者／千兵企業有限公司
電　　話／(02) 28812643
初版1刷／1989年（民78年）9月
2版1刷／1999年（民88年）5月

定　　價／180元

大展好書
好書大展